왕서방과 코끼리

다각도에서 들여다보는 중국의 면면

이종철 지음

어문학사

**일러두기**

○ 외래어 표기는 국립국어원의 외래어 표기법을 원칙으로 하였다. 단, 대부분 매체에서
  통용되는 경우 그에 따르기도 하였다.
○ 중국 관련 지명이나 인명의 경우 한자음으로 표기하였다. 단, 현대 인물은 외래어
  표기법의 원칙에 따라 중국어로 표기했으며 한자병기하였다.
○ 단행본은 『 』, 단편「 」, 영화·드라마·신문 등은 〈 〉로 묶어 표기하였다.

# 차례

# 3부 중국 문화의 원형 속으로

## 1. 공자 사상의 원형 － 『논어(論語)』 읽기

## 2. 동양 역사학의 영원한 전범 － 『사기(史記)』 읽기

## 3. 천년의 베스트셀러 ─『삼국지(三國志)』읽기

## 4. 시대와 맞장 뜬 남자들 ─『수호전(水滸傳)』읽기

## 책머리에

개혁, 개방 30년, 중국은 미국과 어깨를 나란히 하는 강대국으로 우뚝 섰다. 중국의 성장 가능성에 대해서는 오래전부터 다양한 예측이 있어 왔지만, 막상 그것이 현실로 다가오자 사람들은 생각보다 훨씬 강하고 위력적인 중국의 파워에 놀라움을 감추지 못했다. 상황이 이렇게 되자 세계 곳곳에서 앞 다투어 중국에 대해 다각적인 연구와 분석이 이루어지고 있고 그 원동력에 대해 각자 대답을 쏟아내고 있다.

역사적, 지리적으로 매우 가까운 우리로서도 중국의 부상은 큰 의미로 다가온다. 좀 더 긍정적이고 건설적으로 중국과의 관계를 이어가는 것은 우리가 당면한 커다란 과제가 아닐 수 없다. 한중수교 20주년 동안 양국의 교류는 비약적으로 증가했다. 하지만 경제, 문화가 아닌 정치, 외교적 측면에서는 때로 상당한 갈등을 빚고 있는 것 또한 사실이다. 결국 우리는 중국에 대해 좀 더 알아야 한다는 결론에 도달한다. 갈등 해소를 위해서든, 향후 발전적인 협력관계를 만들어가기 위해서든 우리는 중국을 더욱 깊고 폭넓게 알아야 하는 것이다. 중국을 공부하고 분석하는 루트는 다양하다. 분야를 정해 깊이 있게 파고드는 것도 중요하고 두루두루 넓게 다가서는 일도 물론 좋다. 중국은 그만큼 크고 깊은 모습을 가지고 있기 때문에 다양한 시각을 허용한다. 또한 바로 그렇기 때문에 쉽고 간단하게 중국에 대해 판단하거나 단정하기가 어렵다.

고등학교 제2외국어로 중국어를 처음 접한 후, 중문학을 전공으로 택하여 계속해서 공부했다. 한국과 중국에서 여러 스승께 배웠고 다양한 경로를 통해서 중국을 보고 느끼며 분석했다. 틈날 때마다 중국을 찾아 변화하는 중국을 따라가려고 노력했고 나름대로 그 결과물들을 발표해왔다. 그리고 이제, 어느 정도 시간이 흘러 학생들에게 중국어와 중국을 가르치고 있는 나에게 중국은 친숙한 대상이지만, 여전히 공부하고 부딪쳐야 할 거대한 산과 같은 존재다. 중국은 결코 한 손에 잡히지 않는다. 중국 전문가를 자처하는 많은 이들이 종종 중국에 대해 이렇다 저렇다 단정적으로 말하는 경우가 많은데, 나는 그런 말에 좀처럼 신뢰가 가지 않는다. 그러한 일반화와 단순화를 경계하는 입장이다. 또한 여전히 많은 사람들이 중국에 대해 선입견을 갖고 대하는 데 그런 시각도 우려스럽다. 중국은 깊고도 넓다. 한두 마디로 요약할 수 있는 대상도 아니고, 내가 본 것이 중국의 전부라고 말할 수는 더더욱 없는 것이다. 앞으로 살펴보겠지만 중국은 하나를 보고 나면 또 다른 하나가 저 멀리에 있는, 비유컨대 양파 같기도 하고 거대한 코끼리와도 같은 대상이다.


그렇다면 중국을 보다 정확히 보기 위해서는 어떻게 해야 할까. 당연한 얘기지만 넓게 봐야 하고 또한 깊게 봐야 한다. 하지만 말이 쉽지 그렇게 하기가 쉬운 것은 아니다. 다양한 시각과 루트를 통해 한 걸음, 두 걸음 다가가야 하고, 많은 이들의 도움과 협력이 필요하다. 나는 이

책에서 중국의 다양한 모습과 중국 문화의 기저에 자리한 원형에 대해 이야기하려 한다. 우리가 어느 정도 알고 있는 중국에 대한 상식에서 시작하여 우리와 닮은 듯 다른 중국의 모습, 중국만의 특수한 상황과 배경, 그리고 그것을 통해 우리가 생각해봐야 할 점을 살펴보고자 했다. 그리고 또 다른 역점을 둔 것이 중국의 고전을 통해 중국 문화, 나아가 중국인들의 문화적 원형을 찾아보려 했다는 점이다. 중국을 대표하는 고전이자 우리에게도 익숙한 네 권의 텍스트 『논어』, 『사기』, 『삼국지』, 『수호전』을 통해 중국이라는 거대한 나라를 구성하는 원초적이고 본질적인 원형을 나름대로 찾아보고자 했다. 누구나 한두 번쯤 접했을 만큼 친숙한 책이다. 하지만 그것은 쉽게 손에 잡히지 않는다. 읽을 때마다 새로운 것이 보이고 또 다른 궁금증이 생긴다. 고전이 갖는 힘 때문일 것이다. 어쨌든 분명한 것은 그 속에는 중국을 이해할 수 있는 요소들이 풍부하다는 점이다. 예컨대 읽으면서 중국 문화의 원형을 어렵지 않게 마주할 수 있다고 할까. 또한 읽을 때마다 다른 느낌으로 다가온다는 점도 공통점이라면 공통점이다.

아는 만큼 보인다고 했다. 여기서 다룬 내용들은 그저 그동안의 공부와 경험에서 배우고 느낀 부분이다. 그리고 그에 대한 궁금증과 나름의 답을 얼마간 시도했을 뿐이다. 이 책이 중국을 이해하는 데 조그만 도움이라도 된다면 감사할 따름이다.

2017년 4월
이종철

• 1부

우리가 어렴풋이 알고있는 중국

역사적, 지리적으로 중국과 밀접한 관계를 맺고 있는 우리는 이미 중국에 대해 적지 않은 것을 알고 있다. 중국과의 교류는 수천 년을 거슬러 올라가며, 우리 역시도 한자를 사용하는 한자 문화권에 속한다. 20세기 체제의 차이로 잠시 교류가 단절된 적이 있지만, 다시 수교를 맺고 20년이 훌쩍 지나갔다. 그 사이 한중 양국의 교류는 비약적으로 증가했다. 이제 모든 면에서 중국을 빼고는 할 수 없다. 중국을 제대로 알아야 하는 이유가 거기에 있다. 인적 교류도 실로 엄청나다. 중국을 찾는 우리 한국인의 수도 많지만, 최근에는 한국을 찾는 중국인의 수도 엄청나게 늘고 있다.

자, 이런 환경 속에서 우리는 중국에 대해 과연 얼마나 알고 있는 것일까. 1부에서는 우리가 어느 정도 알고 있는 중국의 여러 모습을 불러 확인하고, 다시 좀 더 정확하고 상세하게 짚어보고자 한다. 더불어 그 안에 담긴 의미들을 우리의 시각에서 살펴보는 것도 좋을 것이다.

## 地大人多, 땅이 크고 사람이 많다

　중국을 개괄하는 여러 표현 중에 가장 많이 쓰는 말은 아마도 지대인다(地大人多)일 것이다. 말 그대로 땅은 크고 사람이 많다는 말이다. 맞는 말이다. 중국 하면 가장 먼저 떠오르는 이미지는 역시 크다는 것이고, 또한 인구가 많다는 것일 것이다. 여기에서부터 출발하여 수많은 이야기를 이어나갈 수 있을 것이다. 가령 자연환경, 음식, 지역적 특징, 기질 등등.

　자, 우선 먼저 그 크기와 인구에 대해 좀 더 자세히 알아보기로 하자. 도대체 중국의 인구는 얼마나 되는 것인가. 흔히 우리 언론이나 방송에서 13억으로 많이 이야기하는데 사실은 이보다는 훨씬 더 많다고 봐야 한다. 2013년 중국 정부의 발표가 13억 6천만 명 정도인데, 실제인구는 이보다 더 많을 것이다. 우선 중국의 면적을 봤을 때 정확한 통계 자체가 어렵다는 이유를 들어야 하고, 둘째, 실제 호적에 올라 있지 않은 경우 또한 많다는 사실을 알아야 한다. 이건 무슨 말인가 하면, 주지하듯 중국은 지난 한 세기 강력한 인구억제책을 쓴 바 있다. 즉 한 가정한 자녀 정책을 펼쳤고 이를 어길 경우 많은 벌금을 물게 했다. 하지만 법으로 모든 것을 통제할 수 없는 법, 몰래 낳은 경우도 많았다. 그리고 이런 아이들은 호적에 올리지 않았다. 이를 속칭 흑해자(黑孩子)라고 한다. 자, 이렇게 보았을 때 중국의 실제 인구는 정부 발표보다는 훨씬 많을 것이라는 것을 쉽게 추측할 수 있다. 결론은 실제 중국의 인구가 정확히 몇 명이라는 것은 아무도 모른다는 결론이 나온다. 최소한 14억은 넘을 것이라는 의견에서부터 15억도 넘을 것이라는 말도 나온다.

자, 다음으로 중국의 크기를 좀 더 가늠해보자. 중국의 면적은 960만 제곱킬로미터로 지구 면적의 15분의 1, 아시아의 4분의 1이다. 우리 한반도와 비교하면 44배의 크기다. 중국도 전 국토의 3분의 2 이상이 산악지대인데, 우리와는 반대로 서쪽이 높고 동쪽이 완만한 서고동저의 지형을 이루고 있다. 남북의 길이는 무려 5,500킬로미터, 동서의 길이는 5,200킬로미터다. 동쪽 끝과 서쪽 끝은 4시간의 시차가 나지만 북경(北京) 시간을 표준으로 정하고 있다. 면적이 큰 만큼 국경을 맞대고 있는 나라가 14개국에 이른다.

## 地大物博, 땅이 크고 물자가 많다

지대인다와 더불어 중국을 잘 설명하는 또 다른 표현 중 하나가 지대물박(地大物博)이다. 땅은 넓고 물자가 풍족하다는 말인데, 이 말을 잘 들여다보아도 중국의 여러 모습이 보인다. 이처럼 모든 게 자급자족이 가능했던 중국은 내 것만 잘 지켜도 충분하다는 관념을 낳았고, 이는 나아가 중화주의를 잉태시켰는지도 모른다. 내가 세상의 중심이라는 관념, 담장을 쌓아 내 것만 잘 지켜도 모든 것이 가능하다는 생각을 말이다.

이와 관련해 흥미로운 일화가 있다. 1792년 영국의 조지 3세는 매카트니 백작을 중국에 보내 교역을 청했다. 당시 영국을 비롯한 유럽인들은 중국의 차와 비단, 도자기 구매에 열을 올렸고 영국은 항상 중국에 무역적자를 보고 있었다. 이에 영국은 중국과 정식으로 교역을 맺고 광주지역에 제한적으로 허락된 무역을 중국 전역으로 확대하고 영국의 물품도 중국에서 판매되기를 희망했던 것이다. 당시 중국의 황제는 건륭제였고 중국은 평화로운 황금기였다. 건륭제는 이 벽안의 사신에게 중국은 지대물박하여 모든 것을 갖추고 있으니 교역은 필요없다고 제안을 거절했다. 한술 더 떠 그나마의 제한적 무역 역시 황제의 크나큰 시혜로 여기라고 했다니 중국은 당시의 세계정세에 무지했던 셈이다. 한편으로 보면 말 그대로 모든 걸 갖추고 있었으니, 굳이 외부의 세계에 대해 알려고도 하지 않았던 것이다.

현재도 중국은 필요한 거의 모든 자원과 물자를 자체적으로 보유하고 있는 몇 안되는 나라로, 그 자체만으로도 엄청난 파워라고 봐야한다. 게다가 이제는 한 걸음 더 나아가 거대한 경제력과 정치력을 앞세워 아프리카 및 동남아에 대규모 원조를 제공하며 자원 확보에 열을 올리고 있다.


## 세 개의 중국

우리가 흔히 말하는 중국은 물론 중화인민공화국, 사회주의 신중국을 말하는 것이다. 하지만 그것이 다가 아니다. 신중국과 체제가 다른 대만이 있고, 영국령이었다가 중국에 반환된 홍콩이 있다. 이 세 지역은 정치, 경제, 사회적으로 상이한 특징이 있다. 그래서 많은 분야에서 이른바 삼중국을 나누어 다루는 경우가 많다. 즉 대륙, 대만, 홍콩의 삼분법을 즐겨 쓴다. 대만과 홍콩의 경우는 한자도 간체자가 아닌 정자, 즉 번체자를 그대로 고수하고 있다.

중화권이라는 표현은 그래서 나온 것이다. 그 세 지역을 포괄하는 개념이고, 나아가 경우에 따라서는 해외에 살고 있는 화교까지를 포함하는 통합적, 총체적 용어라고 할 수 있다. 하지만 중국, 혹은 중화권이라는 개념은 무척이나 크고 복잡해서 이러한 구분도 사실 큰 의미를 갖지 못한다. 우리의 도(道)와 같은 중국의 행정구역 단위인 성(省), 그 성 하나가 우리 한반도 전체보다 크고 전체 인구를 훨씬 넘는 성이 여러 개 있다. 직할시 중 하나인 충칭시는 인구가 3천만 명을 넘는다. 그러니 우리가 중국을 이야기할 때는 개개의 성을 이야기해야 하는 것이다. 아니면 각 도시를 기준으로 이야기해야 하는 것이 맞는 접근인지도 모르겠다. 실제로 『독성기(讀城記)』라는 책을 보면 중국인들은 예부터 나라보다 자신들이 살고 있는 지역, 즉 도시에 더욱 충성했다는 설명이 나온다.


## 중국은 다민족 국가

단일 민족, 단일 언어를 사용하는 우리 한국과 다르게 중국은 서로 다른 많은 민족이 모여 사는 다민족 국가이다. 엄청난 면적이니 쉽게 수긍이 가는 대목이기도 하다. 그렇다면 중국에는 얼마나 많은 민족이 살고 있는 것인가. 중국 정부가 정한 민족의 수는 모두 56개의 민족이다. 그중 절대다수는 한족(漢族)으로 95퍼센트에 이른다. 우리와 뿌리가 같은 조선족 역시 55개의 소수민족에 속하며, 200여만의 인구를 가지고 있다.

이들 각 민족은 외모, 언어가 달라 각자 고유하고 독특한 문화를 지닌다. 그것은 중국이란 나라를 다채롭게 만들기도 하지만 때로는 갈등을 일으키기도 한다. 예컨대 서북쪽에 사는 위구르족과 서남쪽에 사는 티베트족은 한족과 상당한 갈등을 빚고 있기도 하다. 중국 정부는 이처럼 다양한 민족을 잘 융합시키기 위해 다각적인 노력과 정책을 실시하고 있다. 다양한 소수민족 우대정책을 펼치기도 하고, 자치구를 만들어 그들을 배려하고 있기도 하다. 그러나 이러한 제도적 보장은 사실 외면적인 것이지 실제적으로는 정부가 최종적인 통제를 하고 있으며 다양한 전략과 제도로 소수민족을 규제하고 결정한다. 결국 중국 정부의 소수민족 정책은 하나의 중국을 지키기 위한 한족의 전략적이고 제한적인 배려라고 보아야 할 것이다.

## 말, 말, 말―수많은 방언

어느 나라던 지역 사투리, 즉 방언은 존재한다. 우리도 각 지역마다 방언이 있고 때로는 서로 잘 안 통하는 어휘를 사용하기도 하지 않는가. 특히 제주도 방언은 표준어와 상당히 달라서 독특하게 느껴지기도 한다. 그리고 같은 지역 방언이라도 조금 더 세밀하게 갈리기도 한다. 가령 경북과 경남이 조금 다르고 전북, 전남이 좀 다르다.

자, 중국은 어떨까. 땅이 크고 많은 사람들이 모여 사니 지역 방언도 상당히 많고 그 차이도 크리란 것은 쉽게 예상된다. 그런데 문제는 그 차이가 우리가 생각하는 것보다 훨씬 크다는 점이다. 가령 우리가 잘 알 듯이 표준 중국어와 홍콩말, 즉 광동(廣東)어는 아주 달라서 마치 다른 언어처럼 느껴지기도 한다. 광동어는 심지어 표준어보다 성조가 훨씬 많다. 그래서인지 훨씬 리드미컬하게 들리고, 표준어는 상대적으로 딱딱하게 들릴 정도다. 이렇듯 중국에는 수많은 방언이 존재하고 개별 방언간의 차이가 워낙 커서 소통이 어려운 경우가 많다. 가령 북경 사람과 상해(上海) 사람이 서로 자기 지역 말을 사용하면 소통이 안 된다. 북경어는 표준어의 근간이 되지만, 북경어에도 특유의 어감과 특징이 있기 때문에 북경 토박이의 말을 들어보면, 표준 중국어와는 또 다르게 느껴진다.

자, 이렇게 많은 방언을 어떻게 보아야 할까. 대략적으로 크게 7대 방언군으로 나눠볼 수 있다. 북경지역 및 양자(揚子)강 이북을 중심으로 하는 관화 방언, 상해 및 강소(江蘇)성 일대를 중심으로 하는 오(吳) 방언, 호남 일대를 중심으로 하는 상(湘) 방언, 강소성지역을 중심으로 하는 공(贛) 방언, 광동성 동부지역을 중심으로 하는 객가(客家) 방언, 홍콩 및 광동성 중부를 중심으로 하는 월(越) 방언, 복건(福建)성 및 대만 일부에서 사용하는 민(閩) 방언이 그것이다. 이 7대 방언은 다시 세부적으로 수 없이 많은 방언으로 갈리게 된다.


## 음식 천국

중국하면 음식을 빠뜨릴 수 없다. 중국 음식 하면 일단 이런 말이 떠오른다. 다리가 있는 것이면 책상다리 빼고 다 먹는다. 이 말은 그만큼 중국 요리의 재료가 다양하고 중국의 음식 문화가 풍성하고 발달했다는 의미일 것이다. 아닌게 아니라 흔히 세계 3대 요리에 중국 요리가 들어가니 말이다.

중국인들은 예로부터 먹는 것에 각별히 신경을 썼다. 생존의 필수

요소가 의·식·주인데, 중국인들은 그중에서도 먹는 것을 중시하여 이른바 음식이 곧 하늘이다,라는 신조를 가지고 살았다. 또한 식약동원(食藥同源)이라고 하여 음식이 곧 약이라는 생각, 그리고 화려하고 푸짐한 것을 좋아하는 중국인들의 특성 등등이 결합되어 오늘날 세계적으로 유명한 중국 요리가 완성된 것이리라.

앞서 얘기한 대로 워낙 방대한 영토다보니 각지에서 나오는 수많은 재료와, 지역별 특징이 더해져 정말 다양한 요리가 있고, 중국 요리 역시 한두 마디로 정리할 수가 없다. 중국에서는 흔히 4대니 8대니 하는 식으로 분류를 하는데, 우리에게 비교적 잘 알려진 4대 요리를 일별해보자. 4대 요리는 일반적으로 북경 요리, 상해 요리, 사천(四川) 요리, 광동 요리를 지칭한다.

먼저 사천 요리는 우리도 잘 알 듯이 매운 맛으로 유명하다. 매운 맛의 발달은 분지라는 지역적 특징에서 비롯된 듯하다. 사천 요리는 매운 맛을 좋아하는 우리의 입맛에도 잘 맞는다. 대표적으로 마파두부, 어향육사(魚香肉絲), 사천 샤부샤부 등이 있다.

광동 요리도 어디가서 빠지지 않는다. 중국 요리 중에서도 맛있기로 손꼽히는 곳이 바로 광동이다. 바다를 끼고 있으니 싱싱한 해산물 및 재료들이 넘치고 일찍부터 개항을 한 터라 여러 지역의 음식이 혼합되는 특징이 있다. 광동 요리의 가장 큰 특징은 의외로 담백한 맛, 즉 원재료의 맛을 최대한 살리는 것에 있다.

북경 요리는 어떨까. 북경은 중국의 수도로 중국 각지의 음식이 모이는 곳이다. 그중에서도 북방지역의 음식을 집대성한 성격이 강하다. 차가운 북방의 기후를 반영하는 음식이 많다고 할 수 있다. 대표적으로는 중국식 신선로 요리, 그리고 그 유명한 베이징 덕이 있다.

북경과 쌍벽을 이루는 곳이 상해다. 상해는 서쪽으로는 양자강과 연결되고 동쪽으로 바다를 마주한다. 풍부한 해산물과 내륙의 갖가지 재료가 혼합되는 요리가 많다. 상해 요리의 두드러진 특징이라면 달콤한 맛이 많다는 점이다.

## 붕우, 노붕우, 형제, 자기인

최근 한중 교류가 갈수록 활발해지고 있는데, 특히 인적 교류의 증가가 눈에 띈다. 한국으로 유학 오는 중국 유학생들의 수는 해마다 큰 폭으로 늘고 있고 또한 중국 관광객의 대대적 증가가 화제다. 자, 그런데 우리는 그에 걸맞은 준비와 인프라를 제대로 갖추고 있는 것일까. 내가 볼 때 아직 그렇지 못한 것 같다. 대학에 몸담고 있으니 최근의 상황을 비교적 자세히 볼 수 있는데, 좀 거칠게 표현한다면 한국의 대학은 중국 유학생들을 단지 짭짤한 수입원으로 생각하는 듯하다. 지방은 물론이고 서울의 유명 대학들 역시 중국 유학생들을 위한 세밀한 대비가 별로 없어 보인다. 그리하여 많은 중국 유학생의 실망과 공분을 사고 있다. 또한 한국을 찾는 수많은 중국인 관광객의 만족도 역시 별반 다르지 않다. 이래서는 곤란하다. 그저 당장 눈앞의 이익만을 위해 중국을 바라봐서는 안 된다. 중국인들의 특성을 생각하면 이는 더더욱 안 되는 것이다.

시진핑 주석은 박근혜 대통령에게 종종 노붕우(老朋友)라는 표현을 쓴다. 노붕우란 중국어로 오랜 친구, 혹은 좋은 친구라는 의미이다. 중국인들은 아무에게나 노붕우라는 표현을 쓰지 않는다. 우리에게도 친구는 중요하지만 특히나 중국인들에게 친구, 그중에서도 노붕우란 아주 중요한 의미를 지닌다. 내가 믿을 수 있는 사람, 일단 친구가 되고 나면 앞뒤 재지 않는다. 그러기에 친구가 되기 위해서는 많은 시간과 함께 공유한 체험이 필요하다. 노붕우가 끝이 아니다. 중국인과 좀 더 친밀한 관계가 되려면 자기인(自己人), 형제(兄弟)라는 표현을 들을 수 있어야 한다. 자기인이란 말 그대로 내 사람, 내 편이라는 이야기이고, 형제란 피를 나눈 형제만큼 믿고 의지할 만한 친구라는 말이 되겠다. 물론 그런 단계까지 가려면 많은 시간과 노력이 필요하다는 것은 자명하다.

## 신중함, 혹은 모호함

중국인들은 자신의 의사를 뚜렷이 드러내지 않는 경우가 많다. 좀 더 구체적으로는 화나는 감정을 잘 드러내지 않는다. 우리가 흔히 중국인을 가리켜 떼놈이란 부정적인 뉘앙스가 섞인 말을 하는데, 사실 그것이 괜히 나온 말은 아닌 것이다. 그 말 속엔 그들의 속을 알 수 없다는 의미가 내포되어 있다. 혹자는 중국인은 화가 날수록 웃는다라는 표현으로 중국인의 특이한 기질을 설명하기도 한다.

흔히 하는 말로 중국인들이 말하는 好를 믿지 말라는 말이 있다. 好는 다분히 중의적인 표현이다. 좋다, 즉 예스로 생각하기 쉽지만, 상황에 따라 다양한 의미를 표현할 수 있다는 말이다. 따라서 중국인이 好라고 했다고 그것이 바로 동의나 승낙의 표현이라고 생각하면 곤란하다. 앞뒤 맥락을 잘 따져봐야 정확한 속내를 파악할 수 있다. 여기서 우리는 중국인들의 신중함, 한편으로 모호한 성격을 발견할수 있다.

언어는 문화를 반영하고 감정과 기질도 투영해낸다. 중국인들이 거의 입에 달고 사는 몇 가지 표현을 좀 더 살펴보자. 중국어 차부뚜오(差

不多)는 다양한 상황에 두루 쓰이는 말이다. 글자를 뜯어보면 '차이가 많지 않다'라는 말인데, 곧 거의 다됐다. 혹은 그 정도면 됐다라는 의미로 많이 쓰인다. 가령 어떤 목적지에 가고 있다고 가정해 보자. 정확한 시간을 몰라 얼마나 남았냐고 물어보면 중국인들은 흔히 差不多라고 대답한다. 아 거의 다 온거구나 생각하기 쉽겠지만, 그렇지 않은 경우가 많다. 그들은 왜 정확하게 표현하지 않을까. 중국인들이 쓰는 메이관시(沒關係)라는 말도 많이 들어봤을 것이다. 상관없다. 괜찮다라는 말인데, 이 역시도 중국인들의 적당주의, 대충주의를 상징적으로 표현하는 말이다.

## 왕서방

"비단이 장사 왕서방 명월이한테 반해서…" 한때 우리가 많이 부르던 노래의 가사다. 이후 개그 소재로도 많이 활용되던, 중국인의 한 이미지가 바로 왕서방이다. 여기서 왕서방은 돈을 밝히는 중국의 장사치로, 다소 부정적이고 희화화된 캐릭터라고 할 수 있겠다. 명월이라는 기생에 빠져 돈을 쏟아붓다가 다시 "명월이하고 안 살어 돈이 많이 벌어 떵호와"라며 돈으로 돌아간다.

웃기고 재밌는 가사지만, 한편으로 생각하면 중국인의 성격과 기질을 정확히 묘파했다는 생각이 드는 구절이다. 설렁설렁하고 만만한 것 같지만 결국은 자신의 실리를 철저히 챙기는 중국인의 특성을 말이다.

흔히 유커라고 불리는 현대판 왕서방들도 이른바 큰손으로 불리며 한국에 돈을 뿌리고 있다. 일본 관광객과 다르게 화끈하게 돈을 쓰는 왕서방은 한국 경제에 새로운 활력을 불어넣는 반가운 존재들이다. 하지만 왕서방 노래에서도 알 수 있듯이 그들이 언제까지 그런 모습일 거라고 생각하면 안 된다. 자기네들의 잇속과 실리에 반한다는 판단이 들면 언제든 냉정하게 돌아설 가능성이 많다. 그러니 계속해서 왕서방들을 잡기 위해서는 장기적이고도 특화된 전략과 비전이 필요할 것이다.

## 메이관시

메이관시(沒關係)는 앞서도 말했듯이 중국인들의 적당주의를 상징하는 말이기도 하지만, 한편으로는 그들의 포용력을 드러내는 말이기도 하다. 항상 하나가 아닌 다른 면을 볼 줄 알아야 한다. 중국어를 배울 때 메이관시란 말은 사과에 대한 답으로 먼저 익힌다. 이때의 의미는 괜찮다는 것이고, 한편으로는 뭐랄까 너그러운 관용의 의미로 읽힌다. 크디큰 중국의 땅은 예로부터 중국인에게 참는 법을 익히게 했고, 나아가 너그러움을 기르게 했다. 그래서 왠만한 일은 크게 크게 넘어가는 기질을 탄생시켰다고 본다.

어디를 간다든가 무엇을 기다리는 것에 있어서 왠만한 거리와 시간은 그들에게 큰 문제가 아니다. 같은 동양이면서도 중국은 우리와 다르게 나이에 대해 크게 신경 쓰지 않는다. 우리는 작은 갈등만 생겨도 나이를 앞세워 이야기하는 것에 반해 중국인들은 나이에 얽매이지 않고 대화하고 관계를 만들어간다. 중국어 자체에 공경어가 거의 없다는 것도 이러한 특징을 잘 드러내준다.

## 만만디

　우리가 중국인들을 이야기할 때 흔히 쓰는 표현 중 하나가 만만디다. 그것은 맞기도 하고 아니기도 한 표현이다. 반면 우리 한국은 이른바 빨리빨리 문화로 잘 알려져 있다. 외국인들이 한국에 와서 가장 빨리 배우는 말 중 하나가 '빨리빨리'라고 하니까. 그렇다면 한번 생각해보자. 우리는 과연 그러한가.

　자, 만만디(慢慢地), 즉 천천히라는 말은 중국인들의 느릿함, 혹은 게으름을 꼬집은 말이기도 하지만 동시에 느긋함, 또는 신중함을 같이 지칭한 개념이기도 하다. 그렇다면 과연 왜 이 만만디라는 개념이 등장했을까. 우선 생각해볼 수 있는 것이 중국의 크기다. 넓은 땅에 살다보니 자연스레 시간의 개념도 커졌을 것이다. 조바심을 내고 빨리 서두른다고 해서 단번에 갈 수 없다는 것을 일찍부터 알았을 것이다. 언어에는 필연적으로 문화와 기질, 감정이 투영되어 있다. 중국어에는 이 慢자가 들어간 표현이 유독 많다. 慢走(천천히 살펴 가세요), 請慢一點兒(천천히 말하세요), 慢慢吃(천천히 드세요), 慢慢說(천천히 말하세요) 등등 천천히 하라는 표현이 참 많다.

　자, 하지만 모든 면에서 느긋하고 느리다고 생각하면 오산이다. 자신의 이익과 안위에 있어서는 누구보다 빠르고 날랜 이들이 또 중국인이다. 전 세계 모든 내로라하는 기업들이 치열한 경쟁을 벌이는 곳이 중국이고, 세계 어느 나라보다 빠르게 변화하는 시장 또한 중국이다. 중국인들은 천천히 움직일거라 생각하고 접근한다면 큰 낭패를 볼 확률이 크다.

## 포커페이스

우리가 흔히 중국인을 희화시켜 하는 표현 중에 "떼놈들 속을 알 수 없다", 혹은 "중국 사람마냥 말도 안 하고 의뭉스럽게 군다" 같은 표현들이 있다. 혹자는 "중국인은 화가 날수록 웃는다"라는 말도 한다. 이같은 표현들은 모두 자기 속내를 잘 드러내지 않는 중국인의 특징을 짚어낸 말일 터이다. 이런 말들이 괜히 나온 것은 아닐 것이다. 그렇다면 중국인들은 왜 자신의 속내를 잘 드러내지 않을까.

이에 관해서는 역시 중국의 역사와 환경에서 그 답을 찾을 수 있다. 중국의 역사는 말 그대로 전쟁의 역사요 혼란의 역사였다. 전쟁과 정쟁이 끝나지 않은 어지러운 세상, 이 같은 세상에서 화 없이 끝까지 살아남기란 쉽지 않았을 것이다. 그리하여 자신의 본심을 감추고 상대의 동태를 살펴야 했고, 진위여부를 가려내야 했으며, 자신의 속내가 상대에게 파악되는 것을 경계해야 했을 것이다. 내가 가진 패가 상대에게 드러나는 순간 목이 달아날 수도 있는 절박한 상황이라면 어떻게든 자신의 감정과 안색을 숨겨야 했을 것이다.

전쟁이 지속되던 수천 년 전의 환경과는 물론 다르지만, 현대 사회도 치열한 경쟁으로 점철되어 있는 피곤한 사회다. 오랜 시간을 거쳐 형성되고 내면화된 중국인의 포커페이스는 오늘날에도 면면히 이어져 내려오고 있는 것이다.


## 임기응변

중국인의 기질적 특징을 들 때 또한 빠뜨리지 않는 것이 바로 임기응변이 강하다는 점이다. 이 또한 대단히 뿌리가 깊은 그들의 두드러진 기질 중 하나다. 그렇다. 중국인은 임기응변에 강하다. 이는 역사적으로도 수많은 사례가 있고 현재도 중국인의 관념 속에 깊게 뿌리박혀 있다. 유가의 경전 중 하나인 『주역(周易)』, 그 안에는 窮則變 變則通 通則久(궁하면 변하고, 변하면 통하고, 통하면 오래간다)라는 구절이 있다. 이는 변화를 적극적으로 이용하는 중국인들의 응변의식을 상징적으로 표현하는 말이겠다.

임기응변은 다르게 보면 융통성과도 연결된다. 안되면 되게 수시로 바꾸는 변통, 즉 임기응변은 중국인을 이해하는 주요한 키워드라고 할 수 있다. 가령, 하나의 식당에서 시간별로 다른 메뉴를 판다든지, 혹은 아예 시간별로 다른 업종으로 바뀌는 경우도 많다. 예전 중국 중원지역을 여행할 때의 일이다. 버스를 타고 5, 6시간은 기본으로 다녔는데, 가는 도중 장대 같은 비를 만났다. 그리고 어느 지점에 도달하니 쏟아진 비로 길이 끊어지고 그곳에 물이 고여 버스가 지날 수 없었다. 하는 수 없이 바지를 걷고 그 물구덩이를 건너야 했다. 그러자 희한한 일이 벌어졌다. 아마도 그쪽 마을 사람들인 듯했는데, 몇 개의 수레를 가지고 와서 경쟁적으로 승객들을 실어 날랐다. 치마를 입은 여성들이나 노약자들이 주로 그 수레를 타고 물웅덩이를 건넜다. 수레꾼들은 물론 돈을 받았다. 함께 한 친구와 그 풍경을 보고 혀를 내둘렀다. 오, 마이 갓, 중국인들의 발 빠른 대응력이란.


## 예의와 질서에 대하여

중국에 한두 번 다녀온 이들은 말한다. 중국, 아직 멀었다고. 특히나 중국의 공중질서, 예절에 관한 개인적 경험들에 근거하여 말하면서 입을 모아 후진적이라고 말한다. 그렇게 생각할 수 있다. 가령 버스나 지하철을 탈 때 줄을 안 서고 서로 타려고 난리가 난다. 물건을 사고 돈을 계산할 때 돈을 막 던진다. 식당에 갔더니 서비스가 엉망이다. 외국인만 보면 바가지 씌우려 한다 등등. 실제로 겪은 일이니 맞는 말이기도 하다. 하지만 이는 아주 단편적인 이야기이고 그것으로 중국 전체를 평가해서 말할 수는 없는 노릇이다.

자, 예컨대 이번엔 대륙이 아닌 대만을 갔다고 치자. 그러면 이야기는 많이 달라진다. 우리보다 질서도 잘 지키고 친절하다는 인상을 받는다. 어, 대만도 중국인데, 그렇다면 어느 것이 진짜 중국의 모습일까. 알수록 알쏭달쏭해진다. 많은 이들이 오늘날 중국은 사회주의 체제로 인해 예전과 달라진 것이라고 말한다. 즉 전통을 버리고 사회주의로 나갔다는 것, 그동안 먹고 살기가 힘들어 예의와 질서를 챙기기가 어려웠다는 식으로 중국을 재단한다. 물론 그것도 틀린 말은 아니다. 하지만 내가 본 한두 군데의 중국, 단편적인 경험, 혹은 책이나 자료, 이론에 근거한 판단으로는 중국을 정확하게 파악하기 힘들다. 중국은 깊고도 넓다. 지금도 시골이나 산골에 가보면 정이 넘쳐나고 깍듯한 예의로 사람을 놀라게 하고, 철저히 가부장적인 분위기에서 사는 사람들이 많다. 그리고 만약 당신이 만나고 접한 사람과 집단이 고위 관료이거나 지식인들이라면, 그 또한 잠깐의 여행에서 느낀 분위기하고는 많이 다르다는 것을 알게 될 것이다. 그들 사이에선 예의와 체면이 무엇보다 중요하다. 그러므로 요컨대 중국은 까면 깔수록 또 다른 모습이 나오는, 양파 같은 나라다.

## 멘쯔를 중시한다

체면, 중국어로는 멘쯔(面子)라고 한다. 우리도 체면에 목숨 거는 나라지만, 중국 또한 우리 못지않다. 아니 중국은 좀 더 극단적인 면이 있다. 〈소무(小武)〉라는 중국 영화가 있다. 소위 6세대 감독의 좌장이라는 지아장커의 초기작이다. 주인공 소무는 작은 시골동네에서 소매치기 양아치로 산다. 마을에서 그에 대한 평판이 좋을 리 없을 터, 도시에 나가 크게 돈을 번 어릴 적 친구가 마을에서 결혼식을 크게 벌이는데 소무를 초대하지 않았다. 거기에 자존심이 상한 소무는 소매치기를 해서 축의금을 구해 끝끝내 친구의 결혼식장을 찾아간다. 그리고 기어코 축의금을 건네며 섭섭함과 함께 자신의 체면을 생각 안 하냐고 친구에게 따진다.

이렇듯 중국에서 체면은 굉장히 중요하다. 누군가에게 뭔가를 부탁해야 하는데, 상황이 생각보다 여의치 않다면 "내 체면 한 번만 봐달라"고 얘기해보라. 의외로 통할 때가 있다. 물론 내 체면을 살려준 이에게는 나중에라도 확실히 갚아줘야 함을 잊어서는 안 된다. 체면을 중시한다는 것은 바꿔 말하면 자존심을 중시 여긴다는 말이 된다. 얼핏 중국인들이 체면 안 따지고 실리만 챙긴다고 생각할 수 있겠으나 그 또한 잘 몰라서 하는 말이다. 중국인들, 누구보다 체면을 중시하는 사람들이다. 그리고 체면이 상했다고 생각되면, 그것을 두고두고 마음에 담았다가 언젠가 반드시 되돌려주는 성향이 강하다. 굉장히.

## 나, 우리, 끼리끼리 문화

혈연, 학연, 지연, 참 질리도록 듣는 말일 것이다. 사실 어느 나라라고 그러한 구분 짓기가 없겠는가. 인간은 누구라도 본능적으로 집단을 추구하고, 그 집단 속에서 자신의 존재를 확인한다. 그리고 그 집단 중에서 가장 기초적이고 또 일차적인 것이 그런 학연, 지연, 혈연의 관계일 것이다. 그런데 중국의 경우는 좀 유별나다. 앞서도 잠깐 짚어봤지만 일단 내 사람이다 생각하면 모든 면에서 전폭적인 지원을 아끼지 않는 반면에 나와 상관없는 사람이다라고 판단되면 정말 심하다 싶을 만큼 무관심하고 냉정하다.

이런 철저한 끼리끼리 문화의 뿌리는 어디서 비롯된 것일까. 이를 체계적이고 깊숙이 분석하려면 많은 시간과 자료가 필요할 텐데, 우선은 넓고 넓은 중국의 면적과 엄청난 인구에서 찾아볼 수 있을 것이다. 땅은 넓고 사람은 많다보니 일단 먹고살기가 쉽지 않을 터, 가장 가까운 가족과 친지, 이웃부터 챙길 수밖에 없었을 것이다. 또한 하루가 멀다하고 전쟁과 동란이 터지는 와중이라면 외지 사람을 어찌 믿을 수 있을 것인가. 일단은 안면이 있는 내 고향, 마을 사람을 믿고 의지할 수밖에 없었을 것이다. 그 다음으로 수천 년 중국 사회를 지배한 유교에서 그 원인을 찾을 수 있다. 유교의 여러 가치는 일차적으로 가족, 친지, 친구 등 혈연과 학연 안에서 구현된다. 이러한 여러 요소가 어우러져 중국 특유의 끼리끼리 문화가 형성되었던 것이다. 같은 유교 문화권에 속해 있는 우리의 끼리끼리 문화 역시 엄청나게 강력하다. 중국이나 한국에서 이 구도를 깨기는 정말 지난해 보인다.

## 열쇠와 현금

중국 사람들은 저마다 허리춤에 한 아름 되는 열쇠를 차고 다닌다. 집 열쇠, 방 열쇠, 자전거 열쇠는 기본이고 우편함 열쇠, 책상 열쇠 등등 수많은 열쇠를 지니고 있다. 보기에 따라서는 좀 우스꽝스러워 보일 수도 있겠다. 뭘 그렇게 조심하고 왜 그렇게 남을 믿지 못하는가.

그리고 중국인은 확실하게 현금을 중시한다. 물론 상해나 북경 같은 대도시에서는 점점 신용카드 사용이 늘고 있고, 버스나 지하철 같은 대중교통에서도 카드 사용이 정착된 것 같다. 또한 우리와 마찬가지로 젊은층 사이에서는 스마트폰을 활용한 모바일 머니의 사용량도 폭발적으로 증가하고 있다. 하지만 전체적인 소비 상황을 놓고 봤을 때 중국에서는 여전히 현금 사용의 비율이 월등히 높다. 자, 예를 들어 우리의 주요 소비층이 된 중국 관광객, 그들 중 상당수는 현금으로 물건 값을 치른다. 묵직한 돈다발을 들고 다니는 중국인들의 모습이 우리로서는 좀 낯설기도 하다.

중국인들은 왜 그럴까. 이는 곧 확실하게 눈에 보이는 것을 믿고 중시하는 중국인들의 특성을 반영하는 것이다. 바꿔 말하면 남을 절대 믿지 않는다는 것, 눈에 보이는 것만을 믿는다는 심리, 즉 모든 것을 내가 직접 보고 직접 챙겨야 안심하는 심리가 깊이 자리하고 있는 것이리라. 이는 고대부터 현대까지 전쟁과 혼란이 밥 먹듯 계속되어 온 중국에서 자신을 지키고 보호해줄 가장 확실한 수단이 돈이라는 것을 몸으로 체득했기 때문이다.

## 미신 사회?

중국은 사실 알수록 알쏭달쏭한 나라다. 사회주의는 유물론을 근간으로 하니, 원칙적으로 종교나 미신을 인정하지 않는다. 물론 사람 사는 세상이니 사회주의 국가라 해서 그것을 마냥 금지할 수도 없고 또 금지한다고 없어질 것은 아니다. 하지만 중국의 상황을 들여다보면, 이처럼 종교, 민간신앙, 금기 등이 복잡하고 다양한 나라 또한 찾기 힘들다. 예를 들어보자. 마을마다, 아니 집집마다 조상신, 재물신을 섬기는 사당을 두고 있지 않은가. 간단히 말해 중국인들은 미신에 대단히 민감하고 적극적이다. 뭐가 안 좋다 하면 철저히 그것을 피하고, 또 뭐가 좋다고 하면 앞뒤 안 가리고 그것에 매달린다. 가령 8자를 극도로 좋아하고 4자를 아주 꺼리며, 춘절(春節)에 폭죽을 쏘고 빨간색으로 춘련(春聯)을 붙인다든가 하는 것을 봐도 그러하다. 또한 특정 글자와 발음이 같거나 유사하다고 하여 선물할 때 기피하는 물건도 많고, 역시 발음이 연관된다 하여 피하는 글자도 있다.

사실 상기한 문화는 시간적으로 하루이틀 된 것이 아니라 오랜 시간을 거쳐 이루어져왔다. 결국 이러한 문화는 중국의 역사와 환경에 근거하여 형성된 것이라고 봐야 한다. 계속되는 전쟁과 난 속에서 자신을 지키기 위해 조심 또 조심했을 것이고, 돈이야말로 가장 확실히 자신들을 지켜줄 수 있음을 일찍부터 터득하고 그것을 추구했던 것이며, 불확실한 세상 속에서 기댈 수 있는 다양한 대상을 찾았을 것이다.

## 소득 격차가 상당하다

소득 격차, 빈부 격차, 어느 나라를 막론하고 존재하는 문제다. 우리나라를 보아도 언제부턴가 양극화라는 단어가 일상적으로 쓰이고 있다. 가장 많아야 할 중간층이 점차 사라지고 있다. 중국도 마찬가지다. 아니, 중국은 우리보다 그 정도가 훨씬 더 심하다고 봐야 한다.

얼마 전 한 방송 프로그램에서 화산의 짐꾼에 관한 영상을 본 적이 있다. 천하의 절경, 그곳을 관람하기 위해 수많은 관광객 틈에서 무거운 짐을 지고 한 발 한 발 오르는 짐꾼들의 이야기에는 감동도 있지만 훨씬 더 크게 다가오는 감정은 안타까움이었다. 40대 부부는 수십 년 간 하루도 빼놓지 않고 무거운 짐을 지고 화산을 올랐다. 이제는 나이가 들어 체력도 부치고 여기저기 아프지 않은 곳이 없다. 평생을 그렇게 힘들게 일했지만 가난에서 벗어나지 못하고 있다. 그렇게 짐을 옮기고 그들이 하루에 받는 일당은 놀랄 만큼 적은 액수다. 그래도 그들은 화산을 떠나지 못한다. 부부는 자신들의 아이만큼은 그 일을 하지 않기를 바란다고 말하고 있는데, 보는 이의 마음을 먹먹하게 만든다.

〈맹정(盲井)〉이라는 중국 영화가 있다. 실화를 바탕으로 한 영화인데, 정말 어처구니없는 내용을 담고 있다. 시골 출신의 가난한 두 남자는 광산일대를 돌며 막노동을 하는데, 사실 그들은 순박한 사람들을 광산으로 꾀어 그들을 캄캄한 광산 속에서 죽이고 사고로 위장하여 회사측에 보상금을 받는다. 보상금의 액수도 어이없지만, 더한 것은 그들이 그 돈을 시골에 있는 가족의 생활비로 부친다는 점이다. 그리고 그들은 매끼 국수로 겨우 끼니를 때운다. 이것을 어떻게 봐야 할까. 인간이기를 포기한 채 자신들의 영혼을 팔아 돈을 벌지만, 그들이 버는 돈의 액수는 어처구니없다.

## 레드 노빌리티

세계 어느 나라든 사회 지도층 인사의 재산 불리기와 해외로 빼돌리기는 일상화된 문제다. 최근 한 언론에서 보도한 파나마 페이퍼스에도 우리가 잘 아는 많은 이들이 페이퍼 컴퍼니를 만들어 재산을 은닉하고 있다는 보도를 접했다. 세계 각국의 전·현직 지도자 및 유명 인사들이 대거 포진되어 있는데, 그중 가장 많은 명단을 보유한 나라가 바로 중국이다. 중국의 지도층들이 맡겨 놓은 천문학적 액수의 재산이 포함되어 있다.

자, 그렇다면 이런 의문이 들 수밖에 없다. 인민이 주인 되고 모두가 평등한 사회주의 국가를 표방하는 중국에서 소위 권력층의 이와 같은 막대한 재산 축적은 어떻게 설명되어야 할까. 시진핑 정부가 추진하는 강력한 반부패 정책은 다만 허울 좋은 구실에 불과한 것일까. 외신들은 이러한 현상을 두고 이른바 홍색귀족(紅色貴族, Red Nobility)이라는 이름을 붙이고 있다. 중국 정부는 애써 부정하고 있지만 중국은 사실 여러 심각한 문제와 직면하고 있다. 중국이 지금의 슬로건 대로 하나의 중국, 단결된 중국을 유지하기 위해서 가장 주의해야 할 것 중 하나가 바로 고위층의 부정부패 문제일 것이다. 자고로 위가 썩으면 아래를 제대로 통제할 수 없는 법이다.


## 동서 간의 불균형

우리가 거대한 땅 중국을 이야기할 때 남과 북의 이분법을 즐겨 사용한다. 북쪽은 어떻고 남쪽은 어떻다는 식으로 말이다. 가령 북쪽의 주식은 밀이고, 남쪽은 쌀이다. 북쪽 사람들은 키가 크고 성격이 시원시원한데 비해 남쪽은 아담하고 부드럽다 등등. 그런데 상대적으로 동서의 차이는 별로 언급하지 않는다. 굳이 한다면 동쪽의 지형이 높고 서쪽이 낮다는 정도일까. 사실 동서의 차이도 얘기하자면 얼마든지 할 수 있을 텐데, 그중 두드러지는 것은 소득의 차이, 즉 빈부의 문제일 것 같다. 10여 년 전부터 중국 정부가 추진하는 서부대 개발이라는 것이 있다. 이는 간단히 말하면, 상대적으로 낙후된 중국 서부를 개발하겠다는 얘기일 테다. 중경(重慶)을 집중적으로 키운 것도 서부 개발의 기지로 삼겠다는 계산에서다. 하지만 그게 말처럼 쉽지 않다. 일단 서부는 고지가 많고 척박하다는 환경적 제약이 많고 인구 밀도 역시 떨어진다. 교육수준, 문화수준도 상대적으로 낮을 수밖에 없다. 반대로 동부 연안지역은 경제수준, 교육수준, 문화수준이 높고, 인구도 엄청나다. 이에 따라 모든 것이 빠르게 바뀌고 발전하고 있다.

이 동서 간의 불균형, 소득 격차, 이 문제를 어떻게 효과적으로 해결하고 관리하느냐가 중국으로서는 대단히 중요한 문제일 것이다.

## 중국의 지역별 특징

땅이 넓고 사람이 많다. 산을 넘고 강을 건너면 차이가 심한 언어와 지역 문화들, 나와 내 가족, 친구, 내 이웃 이외에는 좀처럼 남을 믿지 않는 중국인들. 사정이 이렇다보니 지역별로 다른 특징들, 그에 대한 다양한 평가가 있을 것이다. 아니 있을 수밖에 없다. 우리도 지역별로 강한 지역감정을 가지고 있지 않은가. 중국은 워낙 크고 다양하니 꼭 어느 지역이 어떻다 단정하거나 일반화할 수 없지만, 대략적인 특징들을 중심으로 한번 살펴보기로 하자. 지역별로 두드러지는 기질과 특징에 대해 알아둔다면 일정한 참고가 될 수도 있을 것이다.

먼저 동북지역 사람들은 외모도 성격도 시원시원하고 화끈한 편이다. 그래서 좀 급한 면이 있고 거친 느낌도 있다. 또한 농담을 좋아하고 유머감각도 좋은 편으로 알려져 있다. 전형적인 북방인의 기질을 가지고 있다고 하겠다. 북경은 수도로서 전통적으로 엘리트와 관료들이 많이 거주했다. 따라서 정치에 민감하고 격식을 따지며 교양을 중시하는 경향이 강하다. 지역에 대한 자부심도 상당히 강하다.

상해 역시 지역 관념이 아주 강한 편이다. 자신들이 상해인이라는 것에 큰 자부심을 가지며 외지 사람들을 깔보는 경향이 있다. 깔끔한 대신 계산적인 면이 두드러진다. 따라서 상해 사람들은 좀 째째하다는 평가가 많다. 여성의 지위가 특히 높기로 유명하다. 자기 고장에 자부심을 갖기로는 천진(天津) 사람들도 빠지지 않는다. 또한 천진 사람들은 입담 좋기로 유명한데, 이는 일찍부터 개항하여 돈이 넘쳐났고, 또 수도 북경과도 가깝게 위치하고 있어서 특유의 처세술이 발달한 것 같다.

산동인들은 호방하기로 유명한데, 그 밖에도 소탈하고 검소하며 의리를 중시한다고 알려져 있다. 공자, 맹자를 비롯한 유명한 역사인물을 배출한 만큼 지역에 대한 자부심 역시 강하다. 호방한 면은 중경인들의 특징이기도 하다. 호방함에 더해 두뇌회전이 빠르기로 유명하다. 절강인은 중국의 유태인으로 불리기도 하는데, 기본적으로 근면 성실하고 생활력이 강하기로 유명하다.

## 한여름의 뜨거운 차

중국인의 일상 중에 여간해서 잘 적응되지 않는 것 중 하나가 바로 차 마시기다. 차 마시는 것이 생활화 되어 있는 곳이 중국이고, 몸에도 두루 좋으니 차를 마시는 것이 이상한 건 물론 아니다. 우리나라에도 차를 즐겨 마시는 사람들이 많다. 하지만 정말 적응이 안 되는 것이 한여름에도 뜨거운 차를 일상적으로 마시는 일이다. 내가 유학했던 상해는 여름엔 40도까지 치솟는 불볕더위로 유명한 도시다. 거기에 바닷가 특유의 습한 기운이 더해져 정말 답 안나오게 더운 곳이 상해다. 그런데 식당에 가면 어김없이 더운 차를 내온다. 그럼 자동적으로 외치게 된다. 차가운 물, 얼음물 달라고.

이처럼 중국은 차 문화가 발달되어 있다. 어디를 가든 주위를 둘러보면 찻집을 쉽게 찾을 수 있다. 마치 우리나라에서 한 집 걸러 카페이듯 말이다. 중국인들은 찻집에서 차만 마시지 않는다. 예컨대 찻집에서 식사도 할 수 있고, 카드놀이, 마작 등을 즐겨하기도 한다. 유명한 홍콩의 딤섬 문화도 마찬가지 아닌가. 차와 함께 간단한 간식을 먹으며 담소를 나누는 문화다. 중국인들은 어딜 가도 너나할 것 없이 차를 마시기 위한 물병을 들고 다닌다. 따라서 어디든 항상 뜨거운 물이 준비되어 있다. 그리하여 그 뜨거운 여름날에도 끊임없이 뜨거운 차를 마시는 것이다.


## 실용성 다이쯔의 나라

중국인들의 일상생활을 자세히 살펴보면 열쇠와 함께 두드러지는 물건 중 하나가 바로 다이쯔(袋子), 즉 비닐봉투다. 소위 다이쯔의 일상화다. 물론 어느 나라든 물건을 담을 때 편리하게 사용하는 것이 비닐 봉투지만, 중국은 정말 비닐봉투를 많이 사용한다. 정말 모든 것을 비닐봉투에 담아준다. 가령 거리 노점상에서 밥이나 국수를 포장한다고 치자. 우리는 대개 거기에 적합한 용기나 혹은 스티로폼으로 된 일회용 그릇 등에 담아주지 않는가. 중국은 거개가 그냥 비닐봉투에 담아주는데, 사람들도 그냥 당연하게 여긴다. 처음 중국에 갔을 때 밥을 비닐에 담아주는 것을 보고 놀랐던 기억이 난다. 아니 어떻게 밥을 그냥 비닐에 담나. 그때 느낀 것은 역시 중국은 남의 시선 의식하지 않는 실용성이 뛰어나다는 점이었다. 또 한편으로는 그 많은 인구가 먹고 사는데 이것저것 따질 겨를이 없겠다는 생각도 들었다. 우선은 빠르고, 저렴하게 공급하고 생활하는 문화라는 것이 느껴졌다.

중국에서는 혼자 밥 먹고, 걸어 다니면서 먹고, 길거리에 앉아서 먹고 하는 것이 아주 자연스럽다. 거기에는 여러 가지 배경이 있을 수 있겠지만 그 역시도 남의 눈치 보지 않는 문화, 그리고 실용성을 강조하는 문화로 볼 수 있겠다. 중국에서 유학을 했으니 학교생활 이야기를 조금 더 해보겠다. 중국 학생들은 모두 자전거를 타고 다닌다. 교수들도 타고 직원들도 탄다. 넓은 캠퍼스를 다니기엔 자전거만한 수단이 없다. 저렴하고 편리하며 또 건강에도 좋은 자전거, 자전거는 중국인들의 생활에 밀착되어 있다. 요컨대 무엇보다 실용성, 남의 시선 의식하지 않는 실용성을 중시하는 나라가 바로 중국이다.

## 군인, 경찰, 학생에 대한 대우

우리나라에서 군인, 경찰을 보는 일반 대중의 시선과 그들에 대한 국가적인 대우는 그리 신통치 못하다. 가령 속칭 군바리, 짭새 등과 같은 표현을 쓰며 희화화하고, 무슨 사건, 사고가 터지면 사회적으로 두드려맞기 일쑤다. 정작 그들은 박봉과 격무에 시달린다. 자, 이번엔 학생, 좀 더 구체적으로 대학생은 어떨까, 그들에 대한 시선도 별반 다르지 않은 것 같다. 예전엔 그래도 대학생에 대한 인식과 대우가 나쁘지 않았던 시절이 분명 있었지만, 누구나 대학을 가는 요즘 같은 시절엔 전혀 그렇지 않아 보인다.

중국은 그렇지 않다. 군인, 경찰, 대학생에 대한 대우가 확실하고, 그들은 자신들의 신분에 대한 큰 자부심을 갖는다. 가령 중국의 기차역이나 터미널에 가보면 항상 사람들로 미어터진다. 그런데 군인, 경찰을 위한 창구가 따로 있어, 그들만을 위한 업무가 이루어진다. 할인 등의 대우도 물론 확실하다. 대학생 역시 마찬가지다. 학생증만 소유하면 교통비는 물론이고 각종 입장료 등에서 많은 할인을 해준다. 등록금은 거의 면제거나 아주 약간만 받는다. 등록금 부담이 엄청난 우리로서는 부럽기만 한 제도이지 않은가. 중국을 이끌어갈 미래의 인재들에게 확실한 대우를 해주는 셈이다. 이 점은 우리도 중국을 참고하고 변해야 할 것 같다. 군인과 경찰은 물론 공권력의 상징이기도 하지만, 한 사회의 안녕과 질서를 책임지는 중요한 역할을 하는 이들이다. 이들에게 그에 합당한 대우와 자신들의 임무에 자부심을 가질 수 있게 해주는 일은 중요한 일이다. 그리고 대학생을 비롯한 전체 학생들에게도 많은 지원과 격려가 절실하다.

## 용과 이무기

중국은 용의 나라다. 중국 하면 떠오르는 대표적 이미지에 용이 빠지지 않는다. 주지하듯 용은 상상속의 동물로 비범하고 신성함의 상징이요, 그 자체로 길한 이미지를 갖는다. 또한 용은 최고의 권위와 권력을 상징하기도 하므로 많은 이들이 떠받들고 흠모한다. 반면 이무기는 어떤가. 용이 되어 하늘로 승천하지 못하고 연못 속에 남은 존재, 말하자면 한 끝 차이로 용과 하늘과 땅만큼 차이가 나는 존재가 바로 이무기다.

자, 용과 이무기를 들어 중국을 이야기해보자. 물론 중국은 용이 되고 싶어할 것이다. 용이 되어 하늘로 훨훨 승천하여 뭇사람들의 부러움과 추앙을 받기를 자신들은 바랄 것이다. 이미 세계 강대국의 자리에 올라 막강한 영향력을 발휘하고 있으니 어느 정도 목표를 이룬 셈이라고 할 수 있다. 우리가 흔히 '용 됐다'라는 표현을 쓰는 것처럼, 중국의 위상은 20년, 10년 전과는 완전히 다르다.

자, 그러나 중국의 부상 뒤에는 많은 부작용이 있다. 가령 내부적으로는 빈부 격차, 지역 격차, 부정부패 문제, 인권 문제, 소수민족 갈등 등등이 있고, 외부적으로는 주변국과의 잦은 마찰, 영토 분쟁, 역사 문제 등등 문제가 존재하고 있다. 각각의 개별 문제들은 언제든 크게 터질 듯한 폭탄 같은 것들이다.

중국이 자신들의 바람처럼 하늘로 웅비하는 용이 될지, 연못 속에서 웅크릴 수밖에 없는 이무기에 그칠지, 두고 볼 일이다.

## 융통성, 있다, 없다

중국인들은 대체로 융통성이 있다고 봐야 할까. 앞서 남의 시선을 별로 의식지 않고 실용성을 중시한다고 했고, 임기응변에 강하다 했으니, 일단 융통성이 있다고 봐야 할 것 같다. 반면 우리는 남들의 시선을 많이 의식하고 사는 사회다. 하고 싶어도 남들이 볼까봐, 이상하게 생각할까봐 선뜻 하지 못하는 경우가 많다. 가령 혼자 밥을 먹는 게 남들에게 이상해 보일까봐 아예 굶어버리는 사람들도 많고, 직장, 학교 등의 조직 내에서도 남의 시선을 항상 의식하며 산다. 물론 사람이 살면서 남의 시선을 전혀 생각지 않고 살 수는 없다. 인간은 사회적 동물이고, 이 세상은 더불어 사는 사회 아닌가.

많은 이들이 우리 사회의 지나친 허례허식과 엄숙주의의 배경을 유교 문화에서 찾는다. 그렇다면 중국이야말로 유교의 종주국 아니던가. 그런 중국이 남의 시선을 별로 의식하지 않고 실용성만을 추구하는 것은 일견 좀 이상해 보인다. 여기에 대해서는 사실 다각적인 연구와 분석이 필요해 보인다. 물론 중국이 사회주의를 실현하면서 유교로 대표되는 전통 문화를 부정하고 새로운 길을 걸었다는 것에서 큰 이유를 찾을 수 있다. 하지만 그것만으로는 중국 사회의 두드러지는 특징들을 설명해내기 힘들다. 가령 중국인들은 고대 사회부터 환경적, 기질적으로 실용성과 융통성을 중시했다고 보아야 하지 않을까 하는 생각이 든다. 자고나면 전쟁이 벌어지고 지낼 만하면 뭔가 또 혼란에 휩싸이는 상황 속에서 어떻게든 살아남기 위해서 그런 문화가 싹트지 않았을까.

## 중국이라는 코끼리

우리가 중국에 다가가면 갈수록 결국 중국이라는 나라는, 그리고 그 안에 살고 있는 중국인들은 결코 한두 마디로 개괄하거나 단정할 수 없다는 결론에 닿게 된다. 워낙 크고 다양하며 변화무쌍하기 때문에 오히려 알면 알수록 더 아리송해지는 기분마저 든다. 중국에 대한 평가가 천차만별인 것은 그래서 오히려 더 자연스러운 것인지도 모르겠다. 다시 말해 중국에 대한 각종 평가와 분석은 매끄럽게 정리되지 않은 불균형의 상태라고 요약할 수 있고, 보는 이의 직간접적 경험에 따라 불완전한 모습으로 나타난다.

이럴 때 흔히 쓰는 말이 "장님 코끼리 만진다는 식"이라는 것일 텐데, 우리의 중국 관찰에 대한 적절한 비유가 될 것 같다. 요컨대 중국에 대해 성급하게 판단하고 귀납시키는 것은 결코 바람직하지 못한 것 같고, 보다 중요한 것은 다양한 시각과 방법론을 사용하여 중국이라는 거대한 코끼리를 제대로 보는 것이다. 이는 물론 단시간에 그리고 쉽게 가능한 일이 아니다. 많은 시간과 노력, 그리고 많은 이들의 협력이 필요하다. 그리하여 코끼리의 구석구석을 선명하고 디테일하게 볼 수 있을 때, 그리고 다시 그것을 멀리서 전체적으로 조망할 수 있을 때, 비로소 우리는 보다 마음 편히 중국과 이웃할 수 있을 것이다.

2부

한걸음 더 들어가는 중국

중국은 결코 한 손에 잡히지 않는다. 일단 거대한 면적과 인구 수만 생각해도 중국이 얼마나 복잡하고 다양할 것인지 짐작되지만, 단순히 그 이유 때문만이 아니다. 수천 년의 오랜 역사와 그 안에서 형성된 중국 특유의 문화까지 생각해보면 중국이 과연 어떤 나라인지, 어떤 특징들을 가지고 있는지 가늠하기가 정말 아득해지는 것이다. 상황이 이렇다 보니 '이것이 중국이다'라는 식의 단정이나, 단순히 내가 보고 느낀 단편적인 몇 가지만 가지고 중국을 재단하는 것은 정말 곤란하다. 내가 본 것 너머에는 또 다른 중국이 나를 내려다보고 있다. 비유컨대 까면 깔수록 새로운 모습이 나오는 양파와 같은 나라가 중국이다. 그러니 부지런히 살펴야 하고, 보이는 것 너머의 이쪽저쪽을 계속해서 탐색해야 할 것이다.

## 세대를 읽어야 한다

88만원 세대, 3포 세대, 금수저, 흙수저, 우리 사회에도 세대와 계층을 표현하는 단어와 그에 대한 담론이 많다. 중국도 마찬가지다. 가령 바링허우(80後), 지우링허우(90後), 소황제(小皇帝), 월광족(月光族), 택남택녀(宅男宅女) 등등의 세대와 세태 관련 신조어들이 많다. 이러한 용어들은 공통적으로 사회현상을 반영한다. 따라서 빠르게 변화하는 중국의 사회상, 시대상을 읽어내기 위해서는 세대를 읽을 수 있어야 할 것이다.

우선 바링허우에 대해 좀 알아보자. 바링허우란 말 그대로 1980년대 이후 태어난 젊은 세대를 가리키는 말이다. 그들은 어떤 특징이 있을까. 우선 그들은 한 자녀 정책으로 형제자매 없이 혼자인 경우다. 개혁, 개방정책이 본격적으로 실시된 80년대 이후로 태어나 자랐기 때문에 물질적으로 풍요로움을 누렸다고 볼 수 있다. 어려서 그들은 소위 소황제로 불리며 집안의 모든 관심과 지원을 받았다. 바링허우는 이념이나 정치에 대해 관심을 두지 않는다. 두드러진 특징은 최신 디지털, IT 문화에 능숙하다는 점이다. 자유분방함은 바로 여기서 기인한다. 좋게 말하면 자유분방하고 구김살 없는 것이고, 한편으로는 지나치게 이기적이고 튄다고 볼 수 있을 것이다. 소황제 역시 비슷한 맥락이다. 강력한 인구정책으로 한 가정에 하나의 자녀만 낳게 하자, 모두 귀하디 귀한 외동딸 외동아들이 되었고, 개혁 개방 이후 중국의 경제사정이 좋아지자 부모들은 자녀에 올인하고 떠받들며 마치 황제처럼 키운 것이다.

월광족이란 그달의 수입을 그달에 다 써버리는 젊은 세대를 가리키는 말로, 소비성향이 짙은 신세대를 다소 풍자적으로 빗댄 표현이다. 저축이나 미래에 대한 대비 없이 그저 자신의 기호와 욕망에 따라 돈을 소비한다는 다소 부정적인 의미도 있지만, 한편으로는 치솟는 물가와 높아지는 소비욕구에 따라가지 못하는 수입을 표현하기도 한다. 택남택녀는 이른바 일본어 히키코모리, 즉 은둔형 외톨이와 비슷한 개념이다. 정상적인 학교생활이나 사회생활을 하지 못하고 하루 종일 집에 틀어박혀 게임을 하거나 인터넷 쇼핑 등에 중독되어 있는 젊은 세대를 지칭하는 말이다. 최근 들어 중국에서도 심각한 사회문제로 대두되며 생겨난 신조어다.


## 남해군도, 팽창하는 중국

2016년 7월 16일 중국이 발칵 뒤집혔다. 갈등을 빚었던 필리핀과의 영유권 분쟁에서 국제재판소가 필리핀의 손을 들어줬기 때문이다. 중국은 즉각 반발하면서 해당 해역에서 대규모 군사훈련을 감행하는 등 민감한 반응을 보였다. 14개의 나라와 국경을 맞대고 있는 중국은 여러 나라와 영유권 마찰을 빚고 있다. 몇 년 전에는 일본과 조어도(釣魚島, 일본명 센카쿠 열도)를 놓고 치열한 신경전을 벌였고, 베트남, 필리핀과도 계속해서 갈등을 빚고 있다. 우리와도 무관하지 않은데, 예컨대 이어도(離於島)를 분쟁화하려 하고 있고, 소위 불법조업을 하며 우리의 해역에 무단으로 들어와 싹슬이 어업을 하며 막대한 피해를 주고 있다.

중국은 왜 비난을 감수해가면서 그렇게 할까. 답은 간단하다. 우선 자신들의 영향력을 더 높이려는 의도이며 그러기 위해서 힘으로 밀어붙이는 것이다. 가령 조어도의 경우는 지정학적으로 아시아에서 중국의 영향력을 확고하게 자리매김할 수 있는 전략적 요충지라고 할 수 있으니, 아시아의 또 다른 강대국 일본과 치열하게 싸우고 있는 것이다. 또 하나의 목적은 해당 지역에 매장되어 있는 풍부한 자원을 확보하기 위함이다.

세계질서는 결국 강대국의 논리가 지배한다. 공동의 번영, 공통의 평화, 발전은 다 허울 좋은 구호에 불과한 것이다. 중국과 이웃 나라 간의 영토, 영해 분쟁, 혹은 역사 왜곡 문제 등은 앞으로도 계속될 것이다.


## 동북공정에 대하여

동북공정이란 용어는 이미 우리에게도 익숙하다. 한동안 우리 사회에서 이에 대해 비판적 목소리가 많이 나왔는데 최근에는 별다른 화제가 못되는 것 같다. 혹시 그동안 오류가 수정되고 합리적인 해결을 본 것인가. 노! 사실은 전혀 그렇지 않다. 이것이 사회적, 정치적 문제가 되자 중국은 이 문제가 양국의 정치적 쟁점화가 되길 원치 않는다며 은근슬쩍 구렁이 담 넘어가는 듯한 태도를 보였다.

동북공정이란 중국 동북지역의 역사와 현상에 대한 체계적인 연구 프로젝트인데, 간단히 말해 중국 국경 안에서 전개된 모든 역사를 중국의 역사로 편입하려는 시도인 셈이다. 따라서 고구려와 발해의 역사가 중국의 역사라고 주장하는 등, 이른바 심각한 역사 왜곡을 감행한 것이다. 고구려를 고대 중국의 지방정권으로 기술하고 있으니 우리로서는 어이없는 일이다.

자 그렇다면 중국은 왜 또 이렇게 어처구니없는 역사 왜곡을 하고 있을까. 1992년 한중 수교 이후 많은 한국인들이 고구려와 발해의 유적을 답사하며 이른바 뿌리 찾기에 나서게 되자 이를 차단하는 과정에서 동북공정을 실시한 것으로 보인다. 더 멀게는 향후 남북 통일이 되었을 때 적극 개입하여 자신들이 영향력을 행사하고 영토 문제 등을 쟁점화하기 위한 대비로 보인다. 예컨대 북한지역을 흡수하려는 의도가 읽힌다.

결국 앞서 살펴본 대로 중국은 영토 문제에 이어 역사 문제 또한 힘의 논리로 밀어붙이려 하고 있는 것이다. 이를 막을 수 있는 효과적인 대책이란 무엇일까. 간단하다. 우리도 더 힘을 키워야 한다. 그리고 감정적으로 우왕좌왕할게 아니라 학술적으로 치밀하게 고증하고, 정치적, 외교적으로도 단단히 대비를 해야 할 것이며, 국제 사회와도 긴밀하게 연대하여 중국의 횡포를 차단해야 할 것이다.


## 사드 배치와 중국

2016년 7월 한국의 사드 배치가 결정되자 가장 민감한 반응을 보인 나라가 바로 중국이다. 외교부를 비롯 중국의 각종 채널에서 이를 비난하는 보도가 쏟아져 나왔고, 급기야 한국에 대한 여러 가지 보복 조치가 이루어지고 있다. 정경 분리원칙을 던져버리고 한국을 경제적으로도 압박하려는 추세인 듯하다. 당장에 비자정책부터 강화하여 여러 불

이익이 발생하고 있다.

그렇다면 중국은 왜 사드 배치를 그리 결사 반대하는 것인가. 질문에 대한 답은 결코 어렵지 않고 누구나 아는 바와 같다. 사드 배치가 곧 중국에 대한 미국의 견제와 압박이 되는 상황이니 중국으로서는 무조건 반대하고 보는 것이다. 중국은 우리 한국이 미국의 의도대로 움직이는 바둑돌, 거칠게 표현해서 이른바 미국의 식민지라는 식으로 한국을 재단한다. 사실 우리 안에서도 사드 배치에 대한 찬반 논란은 뜨거운데, 과연 충분한 검토가 이루어진 바탕에서 사드 배치가 결정된 것인지, 또한 과연 그것이 맞는 답인지 여러 의문이 생긴다. 또 한편으로는 강대국의 틈에 끼어 운신의 폭이 너무 좁은 것 또한 우리의 현실인 것 같아 안타깝다.

세계 유일의 분단국가에 살고 있는 우리는 항상 북한 문제와 마주할 수밖에 없다. 수많은 문제를 감수하고라도 결국에는 통일로 가야할 것이고, 무엇보다 남북 당사자가 주체가 되어 이 문제를 풀어내야 하는 것이 정답일 터이다. 그러나 상황은 언제나 그렇지 못하다. 미국, 일본, 러시아, 중국은 우리의 이러한 특수상황을 자기들의 이익 창출에 이용하려 한다. 여기에 우리의 참담함이 있다.

결국 이러한 상황에 처해 있는 우리는 어쩔 수 없이 여러 나라의 이해관계가 복잡하게 얽혀 있는 역학구도 안에서 균형을 잘 맞추어야 한다. 특히 미국과 중국의 사이에서 절묘한 균형을 맞추며 우리의 이익을 만들어내야 한다. 이른바 코끼리와 호랑이의 등에 올라타서 그것을 이용해야 한다. 친미냐 친중이냐가 중요한 게 아니라.

## 빅브라더 사회

조지 오웰의 유명한 소설 『1984』은 이른바 디스토피아를 그리고 있다. 사람들은 자신도 모르게 철저하게 감시당하는 가상의 세계에서 살아간다. 인간의 미래를 암울하고 오싹하게 묘사한 이 작품은 어쩌면 오늘날의 세계를 정확히 짚어낸 것인지도 모르겠다.

그런 감시와 통제에 대한 강도가 아주 강한 나라가 바로 중국이다. 한마디로 철저한 감시와 통제의 사회다. 요즘같이 인터넷과 SNS가 활성화된 세계화시대에 통제가 과연 가능할까 싶지만, 생각 이상으로 강력한 통제가 이루어지는 나라가 바로 중국이다. 이는 물론 중국이 공산당 일당 체제이기에 가능한 일이기도 하다. 중국은 인터넷 자유도에 있어서 쿠바와 시리아를 제치고 최하의 순위에 링크되어 있다. 정부가 언론과 인터넷을 틀어쥐고 있다. 그리하여 트위터나 페이스북이 중국에서는 사용이 불가능하고, 또한 올림픽과 같은 국가적 행사가 있을 때는 아예 지역을 정해 인터넷을 봉쇄시키기도 한다.

중국의 검열시스템은 국내의 콘텐츠뿐 아니라 최근에는 새로운 인터넷 질서를 주장하며 외국계 기업의 모든 온라인 콘텐츠에 대한 검열과 감시에 나서고 있다. 검열의 기준도 상당히 포괄적이고 또 주관적이다. 한마디로 사상 통제라고 할 수 있겠다. 중국의 이러한 조치에 대해 미국을 비롯한 서방에서는 마오시대의 철권정치로 복귀하는 것이 아니냐는 우려를 표한다.

그 밖에도 예컨대 테러를 방지한다는 명목의 반테러법이나 범죄 예방을 목표로 한다는 전화 도청 등 사회 전반에 대한 감시와 통제가 아주 광범위하게 이루어지고 있다.

## 화평굴기와 중국적 질서

화평굴기(和平崛起), 조화세계(調和世界), 한동안 중국이 줄기차게 내세웠던 국가적 슬로건이다. 그 의미는 글자 그대로 평화롭게 일어나겠다, 세계와 조화를 이루겠다는 말일 텐데, 자신들의 부상을 우려하는 여러 나라의 염려를 불식시키겠다는 의도가 읽히는 용어들이다. 중국은 제국을 경험한 나라고, 오랫동안 패권을 거머쥤던 역사가 있다. 중국의 부상은 그 자체로 주변국에겐 엄청난 위력으로 다가온다. 말로는 책임 있는 대국의 모습을 보이겠다고 하는데, 그 말을 곧이곧대로 믿을 나라는 없을 것이다. 세계 질서는 곧 파워게임이고 중국은 자신들의 말과 다르게 점점 더 노골적으로 힘을 내세우고 있다.

슬로건은 눈가리개용이다. 한마디로 중국은 세계 속에 차이나 스탠더드를 세우기 위해 애쓰고 있다. 세계 질서를 중국 위주로 새롭게 재편하고자 강력한 드라이브를 걸고 있으며, 이 과정에서 세계 여러 나라와 심각한 마찰, 갈등을 빚고 있다. 영토, 역사 문제부터 시작해서 무역, 외교 등등 여러 방면에서 중국은 자국 중심의 태도로 일관하고 있다. 우리와도 여러 방면으로 갈등과 마찰을 빚고 있다.

중국의 이런 자신감, 나아가 오만함은 도대체 어디서 근거하는 것인가. 물론 자국 중심의 민족주의는 사실 어느 나라에나 존재한다. 하지만 진정으로 세계를 이끌어갈 강국이 되고자 한다면 단순히 자국 중심의 사고와 행동만으로는 어림없는 일이다. 또한 내부적으로 엄청난 문제들이 산적해 있고 갈등이 계속되고 있음에도, 세계 속에 새로운 중국적 질서를 세우려 하고 있는 것이 한편으로는 모순적으로 보인다.

## 돈이면 귀신도 부린다

중국인들의 상술은 고금 이래로 유명하다. 상술이란 뭔가. 돈을 버는 기술이다. 남의 돈 먹기 쉽지 않다. 중국인들의 상술은 치열하고 지독하게 단련되었을 것이다. 사실 우리도 크게 다르지 않지만 중국인들은 돈이면 뭐든지 다 된다라는 배금주의적 가치관이 특히나 강하다. 중국인들과 이야기를 좀 나누다보면 지위 여하를 막론하고 돈과 관련된 이야기가 빠지지 않는다. 한국은 경제사정이 어떠냐, 얼마를 버냐, 그건 한국에서 얼마나 하냐 등등 무엇보다 그들의 관심사는 돈과 관련된 것이 많다. 좀 지나치다 싶을 정도다. 그리고 앞서도 말했지만 중국에서는 아직도 신용카드보다는 현금이 많이 사용된다. 내 눈앞에, 내 손안에 든 현금, 그것을 중시하고 믿는 것이다. 우리가 흔히 중국인들을 두고 만만디라고 표현하는데, 돈 앞에서는 얘기가 전혀 달라진다. 누구보다 빠르고 민첩하다.

중국인들의 이러한 배금주의는 언제부터 어떻게 자리를 잡은 것인가. 중국의 역사는 곧 전쟁의 역사요 동란의 역사다. 언제 어떻게 될지 모르는 상황, 자신을 지켜줄 수 있는 것은 오로지 돈이라는 것을 일찍부터 체득했을 것이다. 그리하여 무엇이든 재물과 관련시켜 사고하고 집집마다 재물신을 모시며 돈 벌기를 희망하고 있는 것이리라.

그리하여 예전부터 드는 생각 중 하나는 이처럼 돈에 밝고 상술이 뛰어난 중국이 사회주의의 길을 밟았다는 것이 참 아이러니하다는 것이다. 물론 중국의 사회주의는 말 그대로 중국식인, 자본주의와 결합된 형태지만 말이다. 관련된 또 다른 생각은 그래서 아무리 법을 세게 적용시켜도 돈을 벌기 위한 갖가지 불법과 부정부패의 뿌리가 참으로 깊다는 것이다.

## 관시로 시작해서 관시로 끝난다

중국인과의 교류에서 관시(關係)는 절대적으로 중요하다. 조금 과장해 표현하면 관시로 시작해서 관시로 끝난다. 관시란 무엇인가. 우리가 흔히 빽이라고 말하는 것과 비슷한데, 조금 더 넓은 개념으로 봐야 한다. 요컨대 중국식 인적 네트워크라고 할 수 있겠다. 중국은 되는 일도, 안 되는 일도 없는 나라다. 즉 관시가 있으면 어려운 일도 쉽게 갈 수 있고, 관시가 없으면 아주 간단하고 쉬운 일도 되게 안 풀릴 수도 있다는 말이다.

그렇다면 이 관시는 어떻게 형성되는 것인가. 우리도 마찬가지지만 우선 혈연·지연·학연 등과 같은 것을 통해 만들어진다. 중국인들은 내 편과 남에 대한 구분이 굉장히 분명하고 남에 대해서는 아주 철저하게 무관심하다. 일단 관시가 쌓이고 내 사람이다라고 판단이 되면 모든 친절과 의리를 베푼다. 사정이 이렇다보니 사람을 평가하고 상대할 때 그 사람의 능력보다는 관시가 더 크게 작용하게 되는 것이다. 즉 그가 누구인지보다 그는 누구의 사람인지, 어떤 인적 네트워크가 있는지를 더 중요하게 생각하게 된다. 그러므로 사람들은 이 관시를 만들기 위해 끊임없이 노력한다. 물론 이 관시라는 것이 하루아침에 만들어지는 것은 아니다. 오랜 시간을 거쳐 비로소 완성되는 것이다.

자, 그렇다면 좀 더 빠르게 이 관시를 만들 수 있는 방법은 없을까. 어떻게 하면 중국인들과 관시를 맺을 것인가. 예컨대 지인의 소개, 혹은 추천장 등을 활용해 볼 수 있다. 내 사람이 소개한 사람, 추천한 사람이라면 일단 어느 정도 관계망 안에 들어갈 수 있다. 물론 그걸로 끝이 아니다. 돈, 선물, 식사 등과 같은 구체적인 물질과 교류가 필수적이다.

## 산자이 문화

중국에는 소위 산자이라는 말이 있다. 산자이란 한자 산채(山寨)를 말하는 것인데, 즉 산적, 도적들의 소굴을 뜻한다. 이건 다시 말하자면 정부의 관리, 통제에서 벗어난 지역이라는 의미도 되고, 남의 것을 무단으로 빼앗아 오는 것을 일컫는 말이기도 하다. 간단히 말하면 산자이란 중국의 그 유명한 짝퉁 문화를 비유적으로 말하는 것이다.

주지하듯 중국의 짝퉁 산업은 굉장히 광범위하고 다양하다. 작게는 껌이나 사탕에서부터 크게는 자동차에 이른다. 세계의 모든 유명 브랜드가 중국에서 복제된다고 보면 되겠다. 그렇다면 자신들의 브랜드가 복제된 해당 브랜드는 왜 그걸 그냥 두는가. 벌금을 물리고 베끼는 행위를 금지해야 할 것 아닌가. 하지만 사실상 그것이 쉽지 않다. 워낙 광범위하게 이루어져 있고 또한 중국 정부도 어느 정도 묵인하고 있기 때문이다.

정부가 묵인한다는 것은 어떤 의미인가. 자, 어떤 유명 브랜드의 제품을 짝퉁으로 만들어 싸게 판다고 해보자. 그리고 품질 면에서도 어느 정도 원제품에 근접하다고 치자. 그렇게 되면 소비자들은 싼 값에 만족할 만한 제품을 사서 쓰게 되는 것이다. 다시 말해 서민들의 요구를 일정하게 충족시켜주는 상황이 되는 것이다. 갈수록 빈부 격차가 나고 아직도 수많은 빈곤층이 있는 중국의 상황에서 짝퉁 산업은 어쩌면 필수불가결한 것일지도 모르겠다.

하지만 앞으로 중국이 진정한 강대국으로 거듭나려면, 그래서 다른 나라들의 신뢰를 얻으려면 이러한 문화는 하루빨리 개선되어야 할 것이다. 짝퉁이 판치는 나라라는 오명을 벗어나지 못한다면, 그것은 분명히 되돌아와 자신의 발등을 찍게 되는 상황에 직면하게 될 것이다.

## 통합과 분열

중국 역사는 소위 통합과 분열의 역사였다. 진시황 이래로 모든 위정자들은 통일을 지향했지만 항상 통일을 이룬 것은 아니었고, 또 통일을 했으되 길게 유지하지 못하는 경우도 허다했다. 넓은 대륙을 통합하고 다스리기는 그만큼 어려웠으며 때문에 수시로 분열되고 혼란스러웠던 것이다. 중국의 면적이 현재의 모습으로 정해진 때는 청나라 때로, 그전에는 상당한 면적이 중국의 영토가 아니었다. 가령 지금의 티베트지역과 신강 위구르지역은 전통적으로 독립된 왕조를 지냈던 지역이다. 그러던 것이 청대에 중국으로 편입되면서 오늘날에 이른 것이다.

상황이 이렇다보니 항상 분열의 씨앗은 존재하고 있다. 실제로 중국의 여러 지역에서 독립을 요구하는 움직임이 늘 있었고, 그로 인해 많은 갈등과 출혈이 있는 것 또한 현실이다. 중국 정부는 때로는 강경하게, 또 때로는 회유의 방법으로 그런 사태를 막으려 하고 있다. 특히 한족을 대규모로 이주시켜 한족으로 동화시키는 방법을 시행하고 있다. 대만과의 문제도 간단치 않다. 흔히 양안관계로 지칭되는 중국과 대만의 관계는 항상 긴장과 완화를 반복해오고 있다.

## 제국의 기억

중국은 제국을 경험한 나라다. 청나라 말기 서구 열강에 의해 무너지기 전까지 중국은 자기들이 세계의 중심이요 최고라고 믿고 살았다. 실제로 엄청난 세력을 가졌고 발달된 문화와 문명을 누렸다. 대당제국이나 대청제국이라는 표현이 어색하지 않았다. 주변 여러 나라가 중국의 속국으로 조공을 바쳤다. 이와 같은 역사를 가지고 있으니 자신들이 세상의 중심이라고 믿는 중화사상은 중국인의 DNA 속에 뿌리 깊이 박혀 있는 것 같다. 지난 2008년 베이징 올림픽의 개·폐막식에서 중국은 자신들의 찬란했던 과거와 다시 그 영광을 재현하겠다는 메시지를 전 세계에 송출한 바 있다.

서구와는 다르게 아시아의 여러 전제국가는 외부의 자극을 받기 전까지 수천 년간 변치 않는 제도와 문화를 유지했다. 자발적으로 변모하지 못했고 외부의 자극을 거쳐 자의반 타의반으로 변한 셈이다. 중국도 마찬가지였다. 세계의 중심이라고 자부했던 중국은 19세기 서구 제국주의 열강의 침입에 무력하게 무너졌다. 아시아의 거대한 제국이 제국주의를 내세운 서구에 식민지화 될 처지가 된 것이다.

영욕과 파란만장의 현대사를 거쳐 중국은 다시 세계의 강국으로 리턴했다. 중국의 부상은 세계 여러 나라에게 큰 위협이 되고 있는데, 특히나 주변국들이 체감하는 위협은 상당하다. 이미 영토 및 영해, 역사 문제부터 경제, 외교 등 수많은 분야에서 갈등을 빚고 있고, 중국은 점점 노골적으로 패권국가의 야심을 드러내고 있다. 제국주의, 중화주의의 부활은 그래서 위험하고 마땅히 경계되어야 하는 것이다.


## 두꺼운 얼굴에 검은 마음

중국에는 후흑학이라는 것이 있다. 이는 청말 민국 초를 산 이종오라는 사상가가 제창한 처세론, 혹은 제왕학이라고 할 수 있다. 후흑이란 면후심흑(面厚心黑)의 줄임말인데, 그 내용을 간단히 요약해보면 승자가 되기 위해서는 뻔뻔해야 하고, 음흉해야 한다는 내용이다. 그런데 재미있는 것은 그가 내세운 후흑의 근본취지가 내, 외부적으로 커다란 위기에 처했던 위태로운 청조 말기 부강한 나라를 만들어서 서구열강으로부터 나라의 독립과 자주를 지키자는 것이었다는 점이다. 후흑으로 부강한 나라를 만들겠다는 말이 흥미롭게 다가온다.

수천 년 중국의 역사 속 수많은 제왕들을 이 후흑의 잣대로 들여다보면 흥미로운 구석이 많다. 실제로 치열한 권력 투쟁에서 최후의 승리를 거머쥔 인물 중에는 이 후흑의 특징을 가진 인물들이 많다. 가령 항우를 무너뜨리고 한나라는 세운 고조 유방의 경우를 예로 들어보자. 유방은 인자하고 덕이 있어 좋은 인재들이 많이 모였고, 뛰어난 통솔력과 전략을 활용하여 결국 강적 항우를 이겼다는 식의 좋은 이미지로 기억된다. 물론 그런 면이 있었을 것이다. 하지만 한편으로 유방은 음험하고 때로는 야비하고 잔인한 면도 없지 않았다. 가령 홍문연에서 항우에게 납작 엎드려 위기를 모면했던 점, 약속한 휴전 조약을 어기고 항우를 뒤에서 공격했던 점이며 개국 공신들을 차례로 내치고 제거한 것을 보면 유방의 음험하고 잔인함이 드러난다. 항우와는 다르게 유방의 출신은 미천하고 보잘 것 없었다. 그런 유방이 귀족 출신의 강대한 정적 항우를 꺾고 한나라를 건국할 수 있었던 데에는 사실 여러 요건들이 있었을 것이다. 그리고 그 한편에는 바로 후흑, 즉 두터운 얼굴과 검은 속내가 있었다고 보아야 할 것이다.

## 춘절 특수

중국의 여러 전통 명절 중 최대명절은 바로 춘절이다. 즉 음력 1월 1일, 우리는 설날이라고 부르고 중국은 춘절이라고 부른다. 지난 해를 보내고 새로운 해를 맞이하며 의미를 부여하는 것은 모든 나라들이 마찬가지겠지만 중국에서는 특히나 중요하고 성대하게 보내는 것이다. 춘절이 되기 전 가족들이 모인다. 전국 각지, 혹은 외국에 있던 가족들이 모두 고향집으로 모이는 것이다. 이때가 되면 말 그대로 귀성 전쟁이 벌어진다. 같은 유교 문화권, 한자 문화권에 속하는 우리의 명절 귀성 행렬도 장난 아니니, 중국은 뭐 더 말할 필요가 없겠다. 워낙 국토가 크고 사람들이 많으니 필수적으로 휴가기간이 길 수밖에 없다. 예전에는 한달씩도 쉬고 했지만, 최근엔 그 정도까지는 아니고 대체적으로 일주일에서 길면 보름 정도인 것 같다. 어쨌든 중국인들에게 춘절은 가장 중요하고 또 의미 있는 명절인 것이다. 따라서 중국의 춘절에 대해서는 조금 자세히 알아두도록 하자.

춘절이 다가오면 중국인들은 며칠 전부터 집안 대청소를 하고 음식을 준비한다. 길한 의미의 문장이 담긴 춘련을 짝으로 마련해 집안 대문이나 기둥에 붙이고, 복자를 붙인다. 춘절 하루 전, 그러니까 한해의 마지막날이 되면 온 가족이 모두 모여 제야 음식을 먹으며 이야기로 밤을 지새운다. 이것을 수세(守歲)라고 한다. 방송국에서는 중화권의 모든 톱스타를 모아 춘련만회라는 춘절 특집프로그램을 편성한다.

춘절 음식으로는 만두가 대표적이고 남방쪽에서는 중국식 떡을 만들어 먹는다. 만두와 떡 모두 좋은 운세를 기원하는 음식이다. 자, 그다음으로 들 수 있는 것은 바로 요란한 폭죽이다. 이 역시 악한 기운을 몰아내고 길함을 바라는 그들의 의식이라고 할 수 있다. 화재와 각종 사고의 위험으로 금지하는 추세지만 전통을 인위적으로 막기란 어려운 법, 중국인들의 춘절 맞이에 폭죽이 빠질 리 없다. 춘절 아침이 되면 아이들은 어른들께 세배를 하고 돈을 받는데, 우리와 다르게 꼭 빨간 봉투에 담겨 있다. 이 역시 중국 문화의 특징이라 하겠다.

경제력이 증가하고 해외여행이 활성화되자 많은 중국인들이 춘절 휴가를 맞아 해외여행에 나서는 추세다. 우리 한국도 이 기간에 중국인 관광객 특수를 누리게 되는데, 중국인들의 춘절 문화를 이해한다면 여러 가지로 도움이 될 수 있겠다.

## 봄과 가을, 가장 좋은 계절의 연휴

노동절 휴가, 국경절 휴일, 중국에서는 봄과 가을에 한 번씩 대대적인 연휴가 이어진다. 5월 1일에서 7일까지, 그리고 10월 1일에서 7일까지가 휴가다. 덥지도 춥지도 않은 계절, 이때가 되면 중국은 요동친다. 여기에는 내수 진작, 소비의 활성화를 위한 목적도 있을 것이다. 어쨌든 우리로서는 부러운 휴가제도이기도 하고, 중국적 스케일을 느끼게 해주는 대목이기도 하다.

이 휴가기간은 활동하기에 딱 좋은 시기이기 때문에 전국의 유명 관광지는 그야말로 사람들로 장사진을 이룬다. 중국의 인구가 많다는 것을 좀 더 피부적으로 느끼고 싶다면, 이 기간에 북경이나 상해에 한번 가보면 될 것이다. 상해에서 유학을 한 나는 유학 첫해 가을 국경절 휴가기간에 상해 시내에 나갔다가 기이한 경험을 했다. 넓은 대로가 사람들로 꽉 차서는 의지와 상관없이 계속 앞으로 걸어야 했다. 방향을 바꿀 수도 없고 그냥 무작정 사람들에 밀려 앞으로만 직진을 해야 했던 그 밤의 기억이 아직도 생생하다. 시원해야 할 가을 밤이 사람들의 체온으로 후끈거렸다.

요즘 서울의 명동은 평일에도 중국인 관광객이 많이 보이지만, 중국의 봄·가을 연휴기간에는 중국인 관광객이 훨씬 많이 증가한다. 이른바 중국 관광객 특수기간이 된 것이다. 이때를 대비하여 많은 회사와 상점에서 판촉활동을 하게 될 텐데, 앞서도 말했지만 좀 더 멀리 보고 중국인들의 문화와 기호를 잘 파악해서 효과적인 판매계획을 수립하는 것이 중요하다.

## 역사, 문화에 대한 자부와 관심

우리가 중국의 저력을 확인할 수 있는 것은 여러 가지가 있다. 우선 넓은 면적, 풍부한 자원, 많은 인구에서 비롯되는 파워 등등 중국을 강대국으로 보이게 하는 많은 요소들이 있다. 그러나 개인적으로는 중국이 대단해 보이는 것은 그런 눈에 보이는 외적 요소들보다 중국이 문화적 강국이라는 점에서 그러하다. 수천 년 역사를 간직한 중국은 엄청난 문화유적과 유물, 그리고 서적을 가지고 있다. 그리고 그에 대한 관심과 자부심이 실로 대단하다. 나는 거기서 중국의 파워를 느낀다. 모택동에 패한 장개석이 대만으로 쫓겨올 때 그가 국보급 유물들을 먼저 옮긴 사례는 그것을 상징적으로 증명해주고 있다.

중국은 가는 곳마다 유적지요 박물관처럼 느껴진다. 국가, 성급에서 관리하는 거대한 박물관이 수도 없고, 세계문화유산, 국가지정 명승고적 들이 끝없이 이어진다. 이름 없는 작은 마을조차도 문화 유적, 역사인물이 넘친다. 그리고 무엇보다도 그에 대한 중국인들의 관심과 경외가 크다는 것이다. 잊지 않고 기억한다는 것, 그것은 말처럼 쉽지 않다.

북경의 자금성, 만리장성, 상해의 예원, 서안의 병마용갱, 낙양의 용문석굴, 개봉의 관림 등등 우리에게도 널리 알려진 명승고적지에는 일년 365일 관광객으로 넘쳐나고, 관련된 역사인물은 여전히 사람들의 가슴속에서 살아 숨 쉰다. 공자의 고향 공부는 말 그대로 공자가 마을 전체를 먹여 살린다고 해도 과언이 아니다. 자신들의 역사를 잊지 않고 조상들을 기리고 존경하며 그것에 큰 자부심을 갖고 사는 중국, 그들을 얕볼 수 없는 저력이다.

## 문사철에 관하여

동양에서의 학문은 전통적으로 문·사·철을 일컫는다. 문사철이란 간단히 말하자면, 즉 문학·역사·철학을 말하는 것인데, 물론 현대의 수많은 학문 분야 중의 일부로서 문사철에 국한되는 것은 아니다. 그것은 기본적으로 인간과 세상에 대한 방대한 지식이라는 측면에서 인문학으로 볼 수 있지만, 자연에 대한 이치와 섭리도 함께 아우르는 방대한 범위의 학문, 지식의 총체라고 봐야 할 것이다.

서구의 근대문물이 중국에 유입되기 전, 문사철로 통칭되던 중국의 전통적인 학문의 핵심은 유가로 상징되는 이념, 그리고 보편성을 갖춘 제도와 문화적 가치를 확립하여 세상을 안정적이고 영구적으로 운영하는 것을 목표로 삼았다. 학문의 중심은 역시 문사철이었다. 하지만 주지하듯 19세기 말에 이르면 중국이 만들고 지속해온 이 전통의 가치가 무너져 내렸고 여기에 절대적 가치를 부여했던 지식인들은 혼란에 휩싸이게 되었다. 오늘날의 상황도 크게 다르지 않은 것 같다.

오늘날 많은 이들이 인문학의 위기와 그 여파에 대해 이야기하고 있다. 이러한 상황은 중국이나 한국이나 마찬가지일 텐데, 이에 대한 중국 지식인들의 문제 제기와 안팎의 자성의 목소리가 뜨겁다. 개혁 개방 이후 30년, 중국 사회는 급격히 시장경제화되었고 이는 인문학의 세속화, 나아가 인문정신의 실종 내지는 지식인의 정체성과 사회적 지위의 하락으로 이어졌다. 여기에 심각한 위기의식을 느끼는 중국의 지식인들의 곤혹과 고민은 앞으로 더욱 가속화될 것으로 보인다.


## 무협

중국을 대표하는 문화 중 하나가 또한 무협이다. 칼 한자루로 천하를 제패하고, 끝까지 의를 지키는 무협들의 세계는 사람들의 마음을 시원하게 만들어준다. 신필 김용을 위시로 하는 수많은 무협소설, 그리고 중국 영화를 대표하는 하나의 장르가 된 무협영화, 그리고 365일 텔레비전에서 방영되는 수많은 무협 드라마 등은 중국인들에게 무협이 갖는 위치를 간접적으로 증명해준다. 이처럼 중국인들에게 무협이란 아주 친숙한, 비유컨대 마르지 않는 샘물 같은 것이다.

자, 그렇다면 우리는 이쯤에서 한 번쯤 중국에서 무협이란 과연 무엇인가, 왜 그런 문화가 싹트게 되었는가에 대해 생각해보아야 한다. 무협은 곧 무력이다. 말이나 전략이 아닌 말 그대로 힘을 사용하는 것이다. 다시 말해 대화나 타협이 아닌, 즉각적인 힘의 사용인 것이다. 상대를 제압하지 않으면 내가 죽는 절체절명의 순간, 그 순간에 즉각적으로 사용되기 위해 중국인들은 무를 체계화하고 생활화한 것이다. 중국의 역사는 곧 전쟁의 역사다. 싸움이 일상화된 사회에서 자신을 지키기 위해 무는 절실했다. 공격과 방어를 위한 이 무력의 개념은 그리하여 중국인의 사고에 깊숙이 내재되어 있는 문화적 유전자인 것이다. 늘 치열한 전투가 벌어지는 세상, 그곳에서 살아남기 위해 중국인들은 자연스레 무에 기대고 그것을 중시할 수밖에 없었다. 오늘날 중국인들이 보이는 치열하고 냉혹한 비즈니스, 앞뒤 안 가리고 자기 것을 챙기고 보는 그들의 특징은 이러한 문화적 배경과 맞닿아 있는 것이다.


## 홍콩 누아르

홍콩 누아르는 소위 중국의 범죄조직을 표현한다. 홍콩 영화의 대표적인 하나의 장르로 무수히 많은 영화가 만들어지고 있는데, 그것은 또한 중국, 중국인을 관찰할 수 있는 좋은 텍스트가 된다. 그 안에는 중국인들의 기질, 그들이 중시하는 것, 즉 중국인들의 독특한 문화가 잘 투영되어 있기 때문이다.

잘 만든 누아르는 고대의 무협을 현대의 홍콩 뒷골목에 데려다 놓은 듯한 느낌을 받게 한다. 영화는 물론 현대의 범죄 집단을 소재로 하지만 그 외투를 살짝 벗겨보면 그 안에는 나름대로 무협의 정신을 담고 있는 경우가 많다. 앞서 살펴본 대로 무협은 유구한 역사를 가지고 있으며, 중국을 읽을 수 있는 하나의 키워드이기도 하다. 그 안에는 의리, 형제애, 효 사상, 그리고 불교와 도교 같은 종교까지도 녹아 있다고 할 수 있겠다.

홍콩 누아르의 전설 〈영웅본색〉에서 주인공 저우룬파(周润发, 주윤발)은 말 그대로 고색창연한 대사 '강호의 의'를 부르짖는다. 목숨을 거는 의리, 처절한 복수, 형제애, 우정, 그리고 지고지순한 사랑, 각박하고 정신 없는 현대 사회에서 그런 가치들을 운운한다는 것이 이미 무용한 일일지라도, 사람들은 그런 것들을 꿈꾸고 그리워한다. 홍콩 누아르의 인기와 유행에는 그러한 배경이 있다. 거기에 더해 홍콩 누아르는 혼란으로 요동치는 반환 전 홍콩의 사회와 홍콩인들의 불안을 투영한다. 홍콩인 자신들의 의지와 무관하게 반환이 결정된 후, 과연 반환 후에는 어떠한 세상이 펼쳐질까에 대한 홍콩인들의 불안은 점점 커져만 갔다. 그런 자신들을 위로하고 답답한 심정을 대변해줄 수 있는 영웅이 필요했던 것이다.

## 숫자가 뭐길래

중국인들이 숫자 8을 좋아하는 것은 잘 알려져 있다. 지난 2008년 베이징 올림픽도 8월 8일 8시 8분에 개최되지 않았던가. 단순히 좀 좋아하는 수준이 아니라 거의 맹신에 가깝게 좋아한다. 8자를 좋아하는 것은 그것의 중국어 발음 파(發)와 돈을 벌다는 의미의 파차이(發財)의 발음이 비슷하기 때문이다. 즉 8은 재물과 행운을 불러온다는 미신 같은 것이다. 이것이 바로 중국어의 해음(諧音) 문화다. 즉 발음이 같거나 비슷한 것으로 길함을 비유하거나, 반대로 안 좋은 것을 상징하고 그것을 피하는 식의 문화인 것이다. 중국어는 함축적이고 또한 암호가 같은 비유와 상징이 가득한 언어이며, 그것은 중국인의 정신세계를 그대로 반영한다.

8 다음으로 좋아하는 수를 꼽는다면 9와 6이다. 9는 오래가다, 즉 장수한다. 영원하다는 의미를 지닌 구와 발음이 같기 때문이다. 따라서 결혼식 등의 날짜에 아주 선호된다. 6은 물 흐르다는 의미의 류와 같아서 좋아한다. 모든 일이 물 흐르듯 술술 풀리기를 기원하는 마음에서다.

반면 싫어하는 수는 4가 대표적이다. 우리도 그렇듯이 죽을 사와 발음이 같기 때문이다. 3도 기피한다. 흩어진다, 헤어진다는 뜻의 산과 발음이 같기 때문이다. 2도 별로 좋아하지 않는다. 뭐든 첫째가 되어야지

두 번째는 선호되지 않는 것이다.

숫자 이야기가 나온 김에 덧붙인다면 중국인들은 기본적으로 홀수보다 짝수를 좋아한다. 그래서 결혼식이나 세뱃돈, 기타 잔치 등에 돈이나 선물을 보낼 때 항상 짝수로 하는 것이 일반적이다.


## 그들의 색채

중국인들이 가장 좋아하는 색채는 무엇일까. 다시 말해 중국을 상징할 수 있는 색은 무언인가? 가장 먼저 떠오른 색은 역시 빨간색이다. 황색 역시 중국인들이 아주 좋아하는 색이다. 빨간 색깔은 우선 행운을 가져오고 액운을 물리치는 색으로 인식된다. 그래서 좋은 일이 있을 때는 항상 빨간색으로 치장한다. 폭죽도 빨간색, 옷도 빨간색, 심지어 속옷과 양말도 빨간색을 선호한다. 황색을 선호하는 것은 과거 황색이 최고 권력자인 황제를 상징했기 때문이다. 또한 재물을 상징하는 금이 황색인 것과도 연관이 있다.

반면 중국인이 싫어하는 색은 대표적으로 흰색을 들 수 있다. 중국에서 흰색은 죽음을 나타내는 색으로 인식되므로 축의금이나 세뱃돈 등을 절대 흰 봉투에 넣지 않는다. 검은색 역시 좋아하지 않는다. 검은색은 부정적 의미로 표현되는 경우가 많기 때문이다.

숫자에 대한 호불호가 유별난 것처럼 중국인들의 색채에 대한 관념과 선호도 우리가 생각하는 것 이상이다. 색깔은 길흉은 물론 재물과도 밀접하게 결부해 생각하기 때문에 더욱 그러한 것이다. 색채에 대한 이러한 중국인들의 심리를 알면 그들을 이해하는 데 도움이 될 수 있을 것이다.

## 소프트파워를 파악해야 한다

중국은 이미 미국 다음가는 초강대국이다. 강대국의 조건은 무엇일까. 일차적으로는 정치·군사·경제 등과 같은 하드파워를 갖추어야 한다. 하지만 그것이 다가 아니다. 물론 강력한 하드파워를 갖추고 있다면 우선 표면적으로 강대국으로 분류될 수 있을 것이다. 하지만 거기서 한 단계 더 나아가 세계 속 진정한 리더국가가 되려면 하드파워와 더불어 소프트파워를 갖추어야 한다. 소프트파워란 하드파워와 상대적인 개념으로 문화적인 측면, 그리고 상대 국가에 어필할 수 있는 매력 등을 지칭하는 것이다. 사실 중국의 부상은 아시아 여러 나라에겐 상당한 위협으로 다가오고 있다. 과거 제국을 경험했던 나라이고, 강대국으로 거듭난 오늘날에는 이른바 중화주의 부활의 조짐을 보이고 있으니 이웃 국가에서 경계를 갖는 것은 당연하다. 우리만 해도 중국과 해마다 크고 작은 마찰을 빚고 있지 않은가.

중국 스스로도 이러한 점을 모를 리 없다. 이에 중국은 막대한 돈을 들여 자신들의 소프트파워를 제고시키기 위해 노력하고 있다. 그리하여 주변국들의 불안과 경계를 감소시키는 한편 중국의 세계화를 더 부드럽게 가속화하려고 한다. 그들의 전략은 여러 방면에서 정교하게 진행되고 있지만, 크게 몇 가지만 들어 살펴본다면, 우선 중국어와 중국 문화의 세계화 정책인 공자학원을 예로 들 수 있다. 중국을 대표하는 인물은 공자를 전면에 내세워 세계 속으로 파고들려는 중국의 전략이다. 중국 정부에서 막대한 예산을 투자하고 세계 곳곳의 대학 등과 연계해서 중국어를 전파하고 있다. 언어 전파야말로 물처럼 스며드는 파급력 강한 문화전략이다. 세계 곳곳에서 중국어를 배우려는 열풍이 강한데, 중국은 거기에 기름을 붓기 위해 공자학원이라는 것을 퍼뜨리고 있는 셈이다.

그다음으로 살펴볼 것은 바로 원조외교다. 도움을 준다는데 싫다는 나라가 있을까. 중국은 동남아시아, 그리고 아프리카 및 중남미의 여러 국가에 막대한 원조를 함으로서 매력적인 빅브라더의 이미지를 심고 있다. 하지만 공짜는 없다. 중국이 그들에게 다가가는 것은 곧 그들 나라에서 영향력을 행사하겠다는 의도가 있는 것이다.


## 할리우드를 따라잡는다

최근 한국에서 중국 영화는 전혀 어필되지 못하고 있다. 개봉되는 영화도 별로 없고, 또 개봉이 되도 사람들은 거의 관심을 갖지 않는다. 90년대까지만 해도 중국 영화는 할리우드 영화 다음으로 인기 있는 외국 영화였음을 생각해보면 지금의 상황은 다소 의아하기도 하다. 왜 그럴까. 많은 이들이 중국 영화는 뻔하고 유치하다고 생각하는 듯하다. 혹자는 최근 많은 중국 영화에서 드러나는 강한 민족주의적 성향, 나아가 중화주의를 불편해하는 것도 같다.

그렇다면 중국의 영화산업은 과거에 비해 쇠락한 것일까. 간단히 대답하자면 전혀 그렇지 않다. 중국의 영화산업은 매년 엄청나게 성장하고 있다. 중국 경제가 발전하면서 대중의 여가활동이 더욱 활발해졌고, 가장 인기 있는 대중문화인 영화는 바야흐로 황금기를 맞고 있다. 가령 2015년 중국의 영화산업 규모는 전년 대비 40퍼센트 넘게 성장했으니, 그 열기를 짐작할 수 있다. 최고 흥행기록은 해마다 갱신되고 있고, 이제 관객 수 1억 명이 넘는 영화가 나오고 있다.

많은 전문가들은 몇 년 안에 미국의 수치를 따라잡을 것이라 예상하고 있다. 중국인들은 누구보다 수치와 규모에 열광한다. 곧 할리우드를 넘을 거란 기대와 자신감에 가득 차 있다. 게다가 중국은 엄청난 자금력으로 할리우드의 메이저 영화사들을 사들이며 할리우드에서의 영향력을 계속 키우고 있다. 또한 할리우드와 손잡고 여러 편의 합작영화를 만들고 있다. 그런 영화들이 지향하는 바가 어떨지는 어렵지 않게 짐작된다.

## 코미디, 코믹 판타지의 대유행

앞서 영화 이야기를 좀 했는데, 그렇다면 현재 중국에서 가장 인기 있는 영화들은 어떤 영화일까. 뜻밖에도 코미디, 혹은 코믹 판타지물이 단연 대세다. 전통적으로 중국 영화를 대표했던 무협이나 누아르 영화들이 아니라 요절복통의 코미디 영화이거나 요괴, 인어 등이 등장하는 코믹 판타지물인 것이다. 다소 황당하고 유치하고 웃음의 코드 역시 조금 다르다는 느낌을 받는다. 화려하고 실감나는 CG로 무장하고 거대한 스펙터클을 내세우며 관객몰이에 나서고 있다.

왜 이런 영화들이 인기를 끄는 것일까. 우선 정치적 발언이 자유롭지 못한 중국의 사회환경을 이유로 들 수 있을 것이다. 그리고 정신없이 빠르게 흘러가는 사회구조 속에서 중국인들이 받는 스트레스 또한 크다는 것이 하나의 요인이 될 수 있을 것 같다. 그리하여 아무 생각 없이 웃고 즐기려는, 즉 오락성에 중점을 두는 경향이 강한 듯하다. 또 한편으로 생각해보면 중국인들이 코미디와 기이한 이야기들을 오랫동안 좋아하고 즐겨왔다는 것도 거론할 만하다. 멀리는 저 춘추전국시대에 편찬된, 고대 중국인들의 상상력 사전이라 할 『산해경』부터 수많은 지괴소설, 청대의 『요재지이』 등의 문학적 전통을 들 수 있고, 중국식 만담이라 할 상성 같은 민간 예술의 국민적 인기 등도 근거로 들 수 있겠다. 많은 고전 중에서도 『서유기』를 스크린에 옮긴 작품들이 크게 흥행하는 것도 같은 맥락에서 이야기 될 수 있다.

기술력과 자본력이 밑받침 되면서 과거에는 할리우드 대작 영화에서나 볼 수 있던 거대하고 화려한 특수 효과들이 많은 중국 영화에서도 구현이 가능해지게 되었고, 크고 화려하며 재밌고 기이한 이야기들을 좋아하는 중국인들의 성향과 기질이 영화에 적극 반영되어 이러한 유행이 만들어진 것 같다.

## 방 안의 코끼리

최근 여러 사람들이 이래저래 불편한 중국을 비유해 '방 안의 코끼리'라는 표현을 종종 쓴다. '방 안의 코끼리(Elephant in the room)'는 영어권의 관용적 표현으로, 모두가 알고 있지만 아무도 말하지 않는, 혹은 애써 외면하는 상황, 혹은 사건을 비유하는 말이다. 즉 이런 말이다. 방안에 코끼리가 들어온다. 작은 코끼리라 귀엽다 여기며 그냥 놔둔다. 그러다 코끼리는 어느새 점점 커져 결국 방 주인을 쫓아내게 된다. '방 안의 코끼리', 점점 거대한 존재로 다가와 우리를 위협하고 있는 중국에 대한 적절한 비유라 할 만하다.

가령, 캐나다 밴쿠버 일대는 중국의 큰손들이 집값과 땅값을 올려놓아 정작 집이 필요한 캐나다인들이 외곽으로 밀려나고 있다. 아직 그 정도는 아니라지만 우리 제주도에도 대규모 차이나머니가 들어와 부동산 시장을 크게 변화시키고 있지 않은가. 그 밖에도 소위 유커라고 불리는 중국인 관광객의 통 큰 소비는 제주도나 명동 같은 지역의 상권을 쥐락

펴락하고 있다. 물론 한편으로는 우리 경제에 큰 활력을 불어넣는 반가운 존재이기도 하지만 방 안의 코끼리처럼 중국으로 인해 생기는 난감한 상황에 처하지 않으려면 항상 중국을 관찰하고 예의주시해야 한다.

이미 이번 사드문제로 양국의 입장이 크게 요동치면서 그동안 중국에 크게 의존해왔던 한국 경제가 여러 측면에서 큰 피해를 보고 있는 것 또한 사실이다. 논리나 협의가 아닌 힘으로 밀어붙이려는 중국의 맨살을 그대로 관찰할 수 있는 상황이다. 물론 사드 배치에 대해서는 다양한 의견이 있을 수 있고 얼마든지 반대의 입장을 낼 수 있다. 하지만 그와 동시에 이번 기회에 중국에 대한 우리의 입장과 관계를 아주 냉정하고 객관적으로 다시 정립하고, 또 많은 이들의 지적대로 지나치게 중국에 의존하고 있는 경제 구조 역시 수정, 변화시킬 필요가 있어 보인다. 그렇지 않으면 앞으로 중국은 더 큰 코끼리가 되어 우리를 사사건건 간섭하고 위협하게 될지 모를 일이다.


## 왕서방, 비단길, 장사치

우리는 중국인들을 종종 왕서방으로 비유해 부른다. 그런데 여기서 왕서방이란 앞서도 언급했듯이 노래 가사 속 비단장수 왕서방에서 따온, 장사 속셈이 빠른 중국인들을 지칭하는 것이다. 즉 자신의 이익에 반하는 경우 언제 그랬냐는 듯이 얼굴을 바꿔버리는 그들의 특징을 잘 드러낸 표현이다.

최근 사드 배치에 대한 보복으로 중국인들이 행하는 모습은 정부, 민간을 막론하고 전형적인 왕서방식 행보라고 할 수 있다. 정경분리라는 기본 원칙을 중국은 지키지 않는다. 오히려 그 반대로 정치적 문제가 발생하면 경제적으로 보복하는 모습을 자주 보인다. 언제든 자신들의 입장에 따라 손바닥을 뒤집는 나라가 중국이다. 그들이 입버릇처럼 말하는 책임 있는 대국의 모습은 그 어디에도 없다.

왕서방 이야기를 꺼냈으니 조금 더 이야기를 이어가보자. 노래 속 왕서방의 직업은 비단 장수다. 그런데 흥미롭게도 지금 다시 비단의 시대가 열리고 있다. 시진핑은 주석이 된 후 향후 중국이 나아갈 길로 소위 일대일로(一帶一路)를 제시했다. 일대일로란 비유컨대 현대판 '신 비단길'인 셈인데, 즉 육로와 해로 2가지 루트로 유럽과 소통하겠다는 중국의 야심 찬 프로젝트다. 2000년 전 한나라 때 비단길이 개척된 것처럼, 중국은 이 일대일로를 통해 더욱더 부강한 경제, 군사대국이 되겠다는 야심을 품고 있는 것이다. 미국이 한반도에 사드를 배치하여 중국을 적극 견제하겠다는 배경에는 당연히 이 같은 중국의 팽창을 대비한다는 의도가 있을 것이다. 어쨌든 최근의 중국을 보고 있노라면 비단장수, 비단길, 왕서방, 장사꾼, 이익, 속셈 등등 연상되는 단어가 계속 이어진다. 씁쓸하면서도 흥미로운 부분이다.

국제관계는 물론 힘이 논리를 앞선다. 수많은 기구니 회의니 각종 장치가 있지만 강대국은 결국 힘으로 약자를 몰아붙이는 경우가 많다. 언제든 손바닥 뒤집듯 말을 바꾸고 경제 보복을 가하는 중국은 마치 셈법에만 능한 비단 장사치 같다. 그런 식으로는 그들이 입에 달고 사는 화평굴기, 조화세계, 책임대국이 될 수도, 이루어질 수도 없다. 책임 있고 매력 있는 대국은커녕, 아무리 약삭빠른 장사치라 해도 소위 상도라는 것이 있어야 하지 않겠는가.

## 양안관계, 그리고 쯔위

앞서 중국은 삼중국으로 나누어 볼 수 있다고 했다. 그중 중국 본토와 대만의 관계에 대하여 좀 이야기해보자. 흔히들 양안관계라는 표현을 쓰는데, 중국 본토와 대만의 관계는 복잡, 미묘하다. 본토는 대만을 중국의 일부로 보고 다른 많은 성처럼 대만성으로 분류하고 있다. 즉 대만을 독립된 국가로 인정하지 않고 있는 셈이다. 요컨대 중국은 소위 하나의 중국이라는 거대한 이데올로기를 내세우며 대만을 압박하고 있다. 그렇다면 대만의 입장은 어떨까. 물론 대만은 중국과는 다른 독립된 국가라는 입장이 우세하다. 동시에 대만 내에서도 중국과 대만은 하나다,라는 시각도 엄연히 존재한다. 어떤 입장을 내세우냐에 따라 중국과 대만의 관계는 좋기도 했다가 긴장되기도 한다. 이번에 새로 당선된 대만 총통 차이잉원(蔡英文)은 야당인 민진당 출신으로 본토와 독립된 대만의 자주적 권리를 강하게 내세우며 많은 지지를 받고 있다.

올 초 걸그룹 트와이스의 대만인 멤버 쯔위(周子瑜)가 방송에 나와 대만 국기를 흔들었다는 이유로 중국 본토인들에게 맹공을 받았고 결국엔 사과를 하는 사태가 벌어졌다. 그러자 이번에는 대만인들이 이 사건에 대해 중국을 비난하고 쯔위를 옹호했다. 또한 총통 선거를 앞두고 이 사건은 정치적으로 화제가 되기도 했다. 양안관계의 복잡함을 단적으로 드러내는 사건이었다.


## 홍콩의 우산혁명

자, 대만에 이어 홍콩의 문제를 좀 짚어보자. 몇 년 전, 전 세계의 언론이 주목했던 홍콩의 사태가 있었는데, 이른바 우산혁명으로 불리며 한동안 큰 화제가 되었다. 사태의 발단은 이러했다. 홍콩의 차기 행정 장관을 선출하는 데 있어 중국 정부의 입김이 개입될 상황이 되자 이에 불안과 불만을 느낀 홍콩 시민이 대규모 시위에 나선 것이다. 이는 곧 중국 정부가 임명하는 것과 다름없다고 홍콩의 대학생들이 들고 일어 났고 많은 홍콩 시민들이 여기에 동참하게 되었다. 그러자 경찰이 나서 서 시위를 진압하려 최루탄을 뿌려댔고, 사람들은 최루탄을 우산으로 막아 우산혁명이라는 이름이 붙게 되었다.

주지하듯 홍콩은 아편전쟁 이후 영국으로 넘어갔다가 지난 1997년 중국에 반환되었다. 혼란을 막고자 중국 정부는 향후 50년간 일국 양체 제를 약속했고 홍콩은 입법·사법·행정이 독립, 유지되고 있다. 하지만 표면적인 약속과 다르게 중국 정부의 홍콩 길들이기는 갈수록 노골화 되고 있는 상황이다. 이번 우산혁명은 중국의 국가 이데올로기에 민주 주의를 위협받는 홍콩인들이 자신들의 의지를 집단적으로 내보인 사례 라고 할 수 있다. 반환 후 최대 규모로 이루어진 이 시위에 중국 정부는 강경하게 대응하며 계속해서 하나의 중국을 강조하고 있다.


## 판다 외교

얼마전 일요일 아침 많은 어린이들이 좋아하는 장수 프로그램 〈동 물농장〉에서 중국 판다를 우리 한국에 들여오는 프로젝트를 집중적으 로 소개한 적이 있다. 알다시피 판다는 중국을 상징하는 동물로 귀여운 외모로 많은 사랑을 받고 있다. 전 세계에서 중국에서만 서식하고 중국 내에서도 사천 일대에만 사는 아주 귀한 몸으로 중국에서는 국가 보호 동물로 지정되어 극진한 대접을 받고 있다.

중국은 이 판다를 외교의 수단으로 활용한다. 수교를 맺거나 상대국과 관계를 부드럽게 하기 위해, 또는 우호적인 관계를 잘 유지하려는 차원에서 판다를 기증한다. 말이 기증, 혹은 선물이지 사실은 임대형식이다. 마리당 연간 100만 달러를 중국에 지불해야 하고 판다가 잘 지낼 수 있는 환경 비용과 판다를 전문적으로 관리해주는 사육사의 비용까지 상대국에서 부담해야 한다. 판다를 선물받은 첫 번째 상대국은 미국이었다. 1972년 미국의 닉슨 대통령이 중국을 방문했을 때, 중국은 미국에 판다 4마리를 선물했다. 상당히 껄끄러운 관계에 있던 양국관계 속 미국 대통령의 역사적 중국 방문에 모택동은 중국의 국보급 동물인 판다를 선물함으로써 관계 개선의 의지를 좀 더 드러냈다.

지난 2007년 중국과 벨기에가 자유무협협정을 맺을 때 유럽연합에서 이를 반대하자, 상황을 부드럽게 만들기 위해 중국은 벨기에에 판다를 선물하기도 했다. 2014년에는 덴마크에도 한 쌍의 판다를 기증하기로 약속을 했는데, 북극해항로 건과 천연자원 개발을 원활하게 하기 위한 의도라고 해석된다.

참고로 우리나라에는 1994년도에 수교를 기념하여 한 쌍의 판다가 에버랜드에서 사육되었다. 이후 금융위기를 겪으며 재정난을 이유로 들어 중국에 반환하였다가 2016년에 다시 한 쌍을 기증받아 다시 에버랜드에서 키우게 되었다.


## 성어에 담긴 중국

성어는 한자 특유의 독특한 언어예술로, 중국인들의 심리와 문화적 특징을 폭넓게 반영한다. 가끔 중국과 우리 정부가 만나는 자리에서 시진핑은 성어로 자신들의 의도를 전달한다. 성어는 짧고 임팩트가 있으며, 너무 직접적이지 않게 의도를 전할수 있다는 장점이 있다. 또한 성어는 인생의 철리(哲理)를 함축하고 있는 지혜의 차원으로도 읽힐 수 있다. 따라서 성어를 체계적이고 깊이 있게 이해하는 것은 중국을 보다 깊이 있게 이해하는 동시에, 그것을 활용하여 인문학적 역량을 강화시킬 수 있다. 같은 한자 문화권에 속해 있는 우리 역시도 일상생활에서 많은 성어를 사용하고 있으니 성어에 대한 보다 깊이 있는 이해는 우리의 언어생활 향상 및 교훈의 습득, 나아가 교육의 차원에서도 긍정적인 효과를 거둘 수 있을 것이다.

주지하듯 성어는 상당수가 역사 고사에서 비롯되고 있고, 네 글자로 이루어져 있으며, 오랜 세월을 거쳐 완성된 정형화된 언어양식이다. 이러한 성어들은 대부분의 사람이 세상을 살아가는데 필요한 교훈을 담고 있다. 그 교훈의 본질을 이루는 바탕은 오랜 세월 쌓인 선인들의 경험에서 길어 올린 처세의 지혜다. 그동안 많은 학자들이 성어의 중요성에 주목하여 다양한 각도에서 그것을 분석, 설명하였지만 국내의 성어 연구는 아직 초보적이고 단편적인 면에 그치고 있다. 보다 중요하고 근본적인 수요는 성어에 담긴 중국, 중국인의 문화적 특징을 읽어내야 한다는 것이다.

가령 다다익선(多多益善)이라는 성어는 우리에게도 아주 익숙한 성어다. 그런데 이 성어가 유방과 한신의 대화 중에 나온 고사성어라는 것은 잘 알지 못한다. 그리고 이 다다익선이라는 성어가 풍운아 한신의 오만한 성격을 함축하고 있고, 결국 그것이 훗날 한신이 유방에 의해 토사구팽 당하게 되는 복선으로 작용하고 있다는 것까지도 파악할 수 있어야 한다. 또한 현재 중국의 외교전략으로 잘 알려진 도광양회(韜光

養晦)나 거안위사(居安危思) 등의 성어는 중국인의 처세와 세계관의 뿌리를 잘 드러내는 성어라고 할 수 있다. 즉 계속되는 전쟁의 혼란과 위기 속에서 자신들을 보전하기 위한 중국인들 특유의 문화적 특징은 G2로 부상한 오늘날에도 여전히 그들의 정신을 지배하고 있는 것이다.


## 하이얼

백색가전의 세계 1위는 중국의 하이얼(海爾)이다. 이제는 우리나라에서도 낯설지 않은 브랜드로 자리매김하였다. 실제 하이얼은 세계 수백 개 국가에서 판매되고 있으며, 그 매출액 역시 상상을 초월한 엄청난 금액을 자랑한다. 우리는 흔히 중국산이라고 하면 아무래도 품질면에서 좀 떨어진다는 인식을 하는데, 만약 진짜로 그러하다면 하이얼의 백색가전 세계 1위는 결코 달성할 수 없는 성과이지 않을까.

그렇다면 하이얼은 어떻게 세계 정상의 자리에 오를 수 있었을까? 과연 어떤 회사일까? 앞서 중국인의 문화적 특징을 살펴보며 중국인들이 디테일에 약하다는 언급을 한 바 있다. 하이얼이 짧은 시간에 세계적 기업으로 성장한 것에는 바로 이 디테일을 중시했기 때문이라고 많은 이들이 분석하고 있다.

하이얼은 전자제품을 만드는 중국 국유기업의 작은 자회사였던 '청도 냉장고 공장'으로 시작했다. 초창기인 80년대는 매년 적자에 허덕이는, 별 비전없는 공장이었다. 여기에 젊은 공장장이 새로 부임해오면서 상황이 달라지기 시작했다. 장루이민(張瑞敏)이라고 하는 30대 청년 공장장은 작은 것부터 고쳐나가기 시작했다. 많은 기업들이, 특히 그때까지의 중국 대부분의 기업에서 크게 신경 쓰지 않는 디테일을 파고들며 명성을 쌓아가기 시작했다. 품질을 최우선으로 하는 이른바 품질 경영으로 승부수를 띄웠다. 80년대 냉장고 품질에 문제가 있다는 고객의 항의를 받은 그는 제품을 철저히 검사하여 문제가 발견된 76대의 냉장고를 망치로 부수게 했다. 이 일화는 하이얼의 의지를 단적으로 알린 사건이었다.

디테일에 대한 중시, 가령 하이얼은 중국의 북방과 남방의 차이와 특징에 주목하여 각기 다른 냉장고를 만들어 많은 호응을 받았다. 세계시장 진출에 있어서도 마찬가지였다. 현지의 특징과 차이에 주목하여 전략을 짜고 디테일하게 접근했던 것이다. 서비스 측면에서도 세밀하게 신경을 써서 고객의 믿음을 이끌어내는 데 성공했다. 기업 내부적으로는 모든 직원이 주인의식을 갖고 일할 수 있도록 많은 노력을 기울였고 그 결과 세계적인 혁신적 경영조직으로 인정받았다.


## 샤오미

중국을 넘어 세계적인 브랜드로 거듭나고 있는 샤오미(小米), 저렴한 가격과 뛰어난 기술력을 겸비하며 이른바 가성비 최고의 제품으로 우뚝 서고 있다. 우리나라 소비자에게도 많은 관심을 받으며 점차 그 영역을 넓혀가고 있다. '대륙의 실수'라는 우스개 소리를 만들며 큰 인기를 끌고 있다.

많은 이들이 알고 있다. 샤오미의 출발을 말이다. 이른바 '짝퉁 아이폰'으로 불리며 잠깐의 해프닝으로 끝날 줄 알았던 샤오미는 그러나 예상과 다르게 불과 몇 년 만에 중국 내수시장 1위를 점하더니 이제는 아이폰과 삼성의 경쟁 상대로 거론되고 있다. 그저 짝퉁 애플 정도로 생각했던 샤오미, 이처럼 몇 년 만에 세계적인 기업이 되어 사람들을 어리둥절하게 만들고 있다. 이게 어떻게 가능했을까?

앞서 보았듯이 중국에는 산자이 문화라는 것이 있다. 샤오미의 출발도 다르지 않았다. 애플을 모방하며 빠르게 인지도를 쌓았는데, 제품의 기능은 물론 디자인, 홍보전략까지 모두 그러했다. 요컨대 애플이 이미 검증해 놓은 길을 따라감으로서 빠른 시간 내에 인지도를 높일 수 있었던 것이다. 자, 중요한건 그 다음이다. 단순히 어떤 것을 따라가고 모방만해서는 금방 한계를 드러낸다. 샤오미는 정확한 포지셔닝을 잡으면서 차별화를 시도했고 그것이 적중했다. 저렴한 가격에, 유명 메이커에 뒤지지 않는 품질, 이른바 가성비 최고라는 성과를 올리면서 소비자들의 열광을 이끌어냈다. 그 외에도 철저한 서비스, 빠르고 정확한 홍보를 통한 마케팅 효과를 극대화 시키는 등, 발 빠르게 시대의 흐름을 따라가고 있다.

창업자 레이쥔(雷軍)이 신제품 발표무대에서 말한 "모두가 즐길 수 있는 혁신"이란 말은 샤오미의 경영철학을 잘 나타내주고 있다. 가격 경쟁력, 그리고 결코 뒤처지지 않는 품질로 세계 소비자들의 사랑을 받고 있다. 샤오미의 미래를 예의주시할 필요가 있어 보인다.


## 화웨이

샤오미와 더불어 스마트폰 제품으로 잘 알려진 화웨이(華爲)에 대해서도 좀 알아보자. 화웨이는 몇 년 전, 한 조사에서 세계에서 가장 혁신적인 회사 5위에 오른 바 있다. 알다시피 화웨이는 통신회사로서 전 세계 통신장비의 3분의 1이 화웨이 제품으로 알려져 있다. 최근 들어서는 클라우드 컴퓨팅, 스마트폰, 태블릿 컴퓨터 등으로 사업분야를 확장하고 있다. 국내 스마트폰 시장에서도 좋은 평가를 받고 있다. 물론 프리미엄이 아닌 중저가 포지션으로 재미를 톡톡히 보고 있다.

화웨이는 생긴 지 30년이 채 안된 기업이다. 규모로 볼 때 중국 국유가 아닐까 싶지만 사기업이다. 화웨이가 성장한 과정은 대략 이렇다. 군인 출신 사장 런정페이(任正非)는 제대 후 외국의 통신 교환기를 중국에 대행 판매하는 사업을 시작했다. 외국의 기업들이 중국 시장을 잠식하는 것을 안타깝게 지켜본 그는 직접 기술을 개발하고자 마음먹고 사업의 방향을 전환했다.

그가 내세운 전략은 우선 좋은 인재를 찾는 것이었고, 그들에게 확실한 비전을 제시하였다. 많은 인재들이 화웨이에 들어왔고, 내부 경쟁제도를 활발히 활용하여 선순환 구조를 만드는 데 성공했다. 기술 개발에도 많은 투자를 했다. 매출의 10퍼센트를 기술 개발에 투자한다는 것을 원칙으로 삼을 만큼 기술 개발에 심혈을 기울였다.

또 한가지 눈에 띄는 특징은 쑨야팡(孫亞芳)이라는 여류회장의 활약이다. 그녀는 최근 몇 년 중국 최고의 여성기업인으로 선정된 바 있다. 창업자 런정페이가 기업의 전반적 전략이나 R&D를 맡는다면, 쑨야팡은 마케팅과 인사관리 등을 맡으며 균형을 잘 맞추고 있다. 쑨야팡은 평범한 사원이었는데 입사 6년 만에 런정페이에게 회장직을 맡아달라는 부탁을 받았다. 엄청난 파격 승진인 셈인데, 인재를 중시한다는 경영철학에 부합되기도 하고 또한 그만큼 화웨이가 열려 있는 혁신적 구조를 갖춘 회사라는 증명이기도 한 셈이다. 화웨이의 혁신경영은 상당한 성과를 올리며 중국 기업에 대한 인식을 바꾸고 있다.

## 알리바바

지난 2014년 중국의 알리바바가 미국 경제의 심장 뉴욕의 월스트리트에 등록된 것은 중국의 파워를 과시하는 하나의 상징적인 사건이었다. 수많은 중국인들이 그 상황에 열광했고, 알리바바의 회장인 마윈(馬雲)은 중국의 국민적 영웅으로 떠올랐다.

사실 알리바바는 설립된 지 불과 15년 남짓된 신생회사다. 전직 영어강사였던 청년 마윈이 조그맣게 시작한 사업이 세계적 기업으로 성장하여, 이른바 대박 신화를 완성한 것이다. 이것이 어떻게 가능했던 것인가? 그 안에는 어떤 특별한 성공비법이 숨겨져 있을까? 물론 그에 대한 답은 간단치 않다. 그리고 중국이라는 특수성을 고려해야 할 것이다.

우선 긍정적으로 평가할 수 있는 점은 빠르게 변화하는 중국의 시대상을 잘 읽어냈다는 점을 들 수 있겠다. 세계 최대의 소비인구를 가진 중국, 그리고 엄청나게 성장하는 경제규모 속에서 알리바바는 사람들이 필요로 하는 것을 정확하게 파고든 셈이다. 세계 최대의 제조업 강국인 중국에서 기업과 기업 간의 거래를 빠르고 자유롭게 실행할 수 있도록 온라인을 이용토록 한 것이다. 즉 온라인을 통해서 중소기업들이 자체적으로 쉽게 실행하기 어려운 여러 가지 장벽과 판로, 자금난을 해결할 수 있도록 원스톱 서비스를 구축했다. 이렇게 되자 중국 진출을 노리던 세계의 수많은 기업들이 알리바바를 통해 파트너를 찾고 협력을 이어갔다. 기업 간의 비즈니스뿐만이 아니다. 폭발적으로 성장하는 개인의 구매력에 주목하여 중국 최대의 온라인 마켓 타오바오왕(淘寶網)을 만들었다. 그 결과 중국 온라인 거래시장에서 압도적인 점유율을 차지하며 승승장구했고, 알리바바의 성공신화에 큰 밑바탕이 되었다.

대기업이 아닌 중소기업의 비즈니스를 돕겠다는 것, 온라인을 통해 모든 것을 쉽고 편하게 처리할 수 있도록 한다는 것이 알리바바의 슬로건이었고, 그것은 적중했다. 그리고 고객의 신뢰가 유지될 수 있도록 부단히 노력하고 계속 혁신을 거듭하며 세계적 기업으로서의 위상을 높이기 위해 달리고 있다.

## DJI, 이항, BYD

중국은 더 이상 값싼 제조업 강국에 국한되지 않는다. 세계시장을 선도할 혁신적 기술을 보유한 글로벌 기업이 속속 등장하고 있다. 젊은 인재들의 뛰어난 기술력과 아이디어와 도전, 그리고 정부의 전폭적인 지지를 바탕으로 글로벌파워로 쭉쭉 뻗는 기업들이 늘어나고 있는 것이다.

소위 4차 산업혁명이 시작된 지금, 차세대 주요산업의 하나인 드론 시장에서 중국의 활약이 다른 나라를 압도하고 있다. 높은 완성도와 뛰어난 기술력, 그리고 저렴한 가격으로 세계시장을 공략하고 있는 것이다. 대표적으로 창업한 지 10년이 채 되지 않는 DJI는 기업가치 9조 원에 육박하는 거대 글로벌 기업이 되었다. 또한 중국의 이항(億航)이라는 회사는 세계 최초 유인 드론을 제작, 발표하여 세상을 놀라게 하고 있다. 이로써 이른바 드론 택시가 상용화될 예정이라고 하니 새로운 교통 혁명이 일어날 듯하다. 드론의 시장 잠재력과 사용 범위는 향후 더욱더 커질 것이고, 이렇게 되면 중국의 영향력도 한층 더 커질 것이다.

세계 기술을 선도한다고 자부했던 미국 실리콘밸리의 기업들이 중국의 신예 기업들에 대패하고 있는 상황이 놀랍다. 중국 드론 기업들이 몰려 있는 남부의 선전은 이미 중국을 넘어 세계 드론시장의 메카로 불리고 있다.

드론에 이어 중국이 차세대 중점산업으로 정하여 무섭게 달려가고 있는 또 다른 분야가 전기차다. 중국의 신흥 전기차 제조업체인 BYD는 세계 전기차를 선도하는 미국의 테슬라와 함께 세계 전기차시장을 양분하고 있다. 2015년 기준으로 이미 테슬라의 판매량을 넘어섰고, 2016년은 전년 대비 2배의 판매량을 기록하며 세계 1위의 전기차회사로 우뚝 섰다. BYD는 또한 전기차의 핵심인 배터리까지 자체적으로 생산하는 등 전 공정을 갖추고 있어 더더욱 경쟁력을 가지고 있다. 고유가시대, 친환경산업으로 전기차산업은 앞으로 더욱더 각광 받고, 세계 각국이 치열하게 경쟁할 것으로 보인다. BYD의 질주에 전 세계가 주목하고 있다.

3부

중국 문화의 원형 속으로

다시 말하지만 중국은 실로 깊고도 넓다. 단편적인 경험이나 몇몇 주제를 통한 접근, 혹은 몇 가지 방법론만으로는 두꺼운 중국의 모습을 제대로 볼 수 없다. 그저 중국이라는 실체의 언저리만을 맴돌 수 있을 뿐이다. 그렇다면 중국의 진면목을 보려면 어떻게 해야 할까. 저 깊고도 단단하게 내려앉아 있는 중국 문화의 원형과 중국인의 의식구조 속에 깊이 잠재되어 있는 심층까지를 발견해낼 수 있을 때 우리는 비로소 중국의 속살을 조금이나마 만져볼 수 있을 것이다. 자, 그런 맥락에서 우리는 중국을 대표하는 고전을 조금 더 자세하게 읽을 필요가 있다. 수천 년 중국의 역사에서 시간의 힘을 이기며 면면히 내려온 고전 속에는 분명 그들의 실제 모습이 낱낱이 투영되어 있을 것이기 때문이다.

또한 이러한 고전들을 읽는 것은 단지 중국을 알기 위해서만은 아니다. 고전은 시대를 초월하고 공간을 초월하는 것이다. 특히나 고금 이래 우리에게도 많은 영향을 주었고, 지금도 그러한 고전들은 우리를 돌아보고 우리가 사는 세계를 사유하는 데에도 많은 도움을 줄 것이다.

# 1. 공자 사상의 원형

— 『논어(論語)』 읽기

## 끊임없는 공자열

세계 4대 성인으로 추앙받는 공자, 그리고 그로부터 시작된 유교는 2500년간 중국을 비롯한 동아시아 한자 문화권의 여러 나라에 막대한 영향을 미쳤다. 중국에서는 한대에 정식으로 국교로 채택된 이래, 20세기 초반까지 국가의 통치이념으로 군림했다. 봉건제가 무너지고 서구의 신문물이 물밀듯이 쏟아지던 격변기 20세기 초, 유교의 전통은 격렬한 비판의 대상이 되기 시작했고, 이어 사회주의 신중국이 건국된 이후는 줄곧 부정의 대상이었다. 하지만 최근 공자와 유교사상이 화려하게 부활되고 있다. 중국 정부는 앞장서서 공자로 대표되는 중국의 전통문화를 선전하고 있다. 또한 소위 공자학원이라는 중국어 교육기관을 전 세계에 퍼뜨리고 있다. 방송, 출판계에서도 공자 열기가 뜨겁다. 몇해 전 중국 국영방송에서 방영된 위단(于丹) 교수의 논어 강의가 열풍을 일으키며 공자붐을 일으켰다. 또한 해외 화교들은 공자의 고향 곡부(曲阜)를 성지 순례하듯 몰려들고 있다. 왜 지금 새삼스레 공자가 이렇게 뜨거운 관심을 받고 있는 것일까. 나름의 답을 해보자. 거대한 전환기에 처한 현대 중국에서 사람들의 마음을 움직일 수 있는 구심점으로서의 윤리의식과 사상체계의 필요성이 대두되었고, 그것은 자연스레 공자의 유교가 지목되고 있는 것이다.

자, 그 다음으로 우리 한국은 어떠한가. 유교는 조선시대 국교로 지정된 이래 한국인의 의식에 깊은 영향을 주었다. 주희의 성리학은 한국에서 더욱 체계적으로 계승되었다. 율곡과 퇴계의 학문은 중국에도 널리 알려져 있다. 최고의 교육기관인 성균관에는 공자사당이 세워졌고 각 지역마다 향교와 서원이 세워져 유교를 신봉했다. 유교 문화는 현재까지도 한국인의 생활방식에 많은 영향을 주고 있다. 많이 희석되었다고는 하지만 삼강오륜을 비롯한 여러 질서체계는 여전히 우리 사회에 깊이 남아 있다. 성균관 대학은 유교의 본산으로 굳건하고, 전국의 유림들은 거대한 조직을 가지고 있으며 안동, 영주 같은 곳은 세계적인 유교박물관을 계획하고 있다. 중국보다 먼저 『논어』 강의가 방영되었고 매해 『논어』와 공자에 관한 책들이 쏟아져 나오고 있다. 중국, 일본에서 나오는 관련 서적들도 빠르게 번역 소개되고 있다.

이상과 같은 상황을 볼 때, 유교가 우리 사회에서 얼마나 영향을 가지고 있는지 짐작이 된다. 유교의 원형을 보려면 역시 공자를 알아야 하고, 공자의 생각과 사상을 이해하려면 『논어』에서 출발해야 하는 것이다. 『논어』는 어떤 책인가? 공자는 과연 어떤 사람이었나? 그는 어떤 생각을 가진 사람인가? 무엇이 그토록 사람들의 가슴에 와 닿는 것일까? 또한 그것은 우리 사회에서 어떤 역할을 했으며, 어떤 흐름을 만들어 왔나? 질문은 끝없이 이어질 수 있다. 따라서 오늘날 우리에게 『논어』는 여전히 살아 숨 쉬는 텍스트인 것이다.

# 『논어』와의 인연

『논어』는 아시아에서 첫 손에 꼽는 고전이다. 그것으로부터 체계화된 유교는 아시아 문화 전반에 막대한 영향을 끼쳤다. 자, 『논어』는 간결하지만 쉽게 손에 잡히는 책이 아니다. 또한 읽을 때마다 다른 느낌으로 다가오는 책이기도 하다. 비유컨대 마르지 않는 지혜의 샘처럼 끊임없이 이야기를 만들어낸다.

『논어』라면 개인적으로도 적지 않은 인연이 있다. 『논어』는 내 석사학위 논문의 대상이었다. 나는 『논어』에 나타나는 고대 중국어의 의문문을 연구하여 학위를 취득하였다. 대학과 대학원 과정에서도 『논어』를 종종 읽었지만 세밀히 읽었다고는 할 수 없다. 역시 논문을 쓰며 본격적으로 『논어』와 대면했다. 논문 집필을 위해 작정하고 여러 번 정독했다. 이 과정에서 국내외의 연구 논저와 많은 번역본을 읽었고 배운점이 적지 않았다. 또한 마침 그즈음 방송에서 『논어』 강의가 이어져많은 자극과 참고가 되었던 기억이 난다. 학위논문 외에도 여러 학술논문에서 『논어』를 연구대상으로 삼은 바 있다. 강단에 서서 학생들을 상대로 『논어』를 가르치기도 했다. 그러고 보면 논어와 공자는 의식적으로든 무의식적으로든 늘 내 가까이에 있었던 것 같다.

또한 지금껏 공자의 고향 곡부를 세 번 가봤다. 가본 이들은 알겠지만 곡부는 도시 전체가 공자와 관련된 유적이고, 지금도 그곳에 사는 대부분의 사람들이 공자의 후손이다. 공림·공부·공묘를 둘러보며 공자의 자취를 여러 번 되짚어보았다. 또한 근처의 태산에도 한번 올랐고맹자의 자취도 따라가보았다.

# 『논어』를 읽으려면

당연한 이야기겠지만 『논어』를 읽으려면 먼저 공자에 대해 알아야 한다. 『논어』는 곧 공자의 어록이고 공자의 학문과 사상을 담고 있기 때문이다. 물론 『논어』는 공자 스스로 지은 책은 아니다. 제자들이 공자의 말씀을 정리해서 엮은 책이며, 주로 제자가 묻고 공자가 답하는 형식을 취하고 있다. 때문에 직접화법적인 성격이 강하고 생생한 당대의 구어를 구현하고 있다. 어쨌든 우리는 『논어』를 통해 공자의 사상과 그가 추구했던 바를 추적할 수 있다. 물론 쉽고 간단하게 가 닿을 수 있는 텍스트는 아니지만 말이다.

『논어』의 문장 자체의 표현은 매우 분명하지만 상당히 간결하고 논리적 근거가 명확하지 못한 경우가 많다. 『논어』의 문장에 다양한 해석이 나오는 것은 이러한 문장의 특성 때문이다. 알다시피 『논어』는 양이 많지 않다. 때문에 쉽게 읽히는 듯하지만, 그렇다고 쉽게 이해되는 것은 결코 아니다.

또한 『논어』를 제대로 이해하려면 당시의 시대상을 알아야 한다. 그래서 어떤 배경 하에서 공자가 그런 말을 했는지를 알아야 한다. 요컨대 『논어』를 읽는 일은 그리 만만한 일이 아니다.

『논어』에는 역대로 수많은 주석이 달렸다. 수많은 주석은 우리가 『논어』를 이해하는 데 물론 도움을 주지만, 동시에 때때로 『논어』의 본질을 가리기도 한다. 결국 자신의 방식으로 그것을 소화하고 이해하는 것이 『논어』를 읽는 가장 좋은 방법이 될 것이다. 그것은 『논어』뿐 아니라 모든 책에 적용되는 말이다. 평범하지만 변하지 않는 진리다.

# 공자는 누구인가

공자에 대한 가장 상세한 기록은 역시 『사기』의 「공자세가」다. 이후에 전개되는 공자에 대한 숱한 설명은 기본적으로 바로 이 「공자세가」에 기본을 두고 있다.

공자의 선조는 송나라의 귀족이었는데 후에 난을 피해 노나라로 이주했다. 공자가 태어났을 때 머리가 언덕처럼 생겨 그의 아버지가 구(邱)라는 이름을 붙였다고 한다. 공자가 3살이었을 때 아버지가 세상을 떴고, 이후 공자는 어머니와 청빈한 생활을 이어갔다. 공자는 어렸지만 예절에 대해 잘 알았고 각종 제례활동에 관심이 많았다. 매번 제사가 있을 때마다 공자는 어머니를 졸라 같이 가서 그것을 보았고, 집에 돌아와서는 제례의 순서에 따라 그것을 모방하고 학습했다. 나이가 들어감에 따라 공자는 각종 학문을 접하게 되었는데 아주 열심히, 싫증내지 않고 학문을 익혔다. 또한 유명한 사람에게는 물론이거니와 평민에게도 배웠다. 후에 공자는 말했다. "三人行, 必有我師"「술이편」.

사실 젊은 시절 공자의 관직은 그리 높지 않았다. 창고를 관리하거나 가축을 관리하는 낮은 관리였다. 공자는 중년에 이르러 노나라의 저명한 학자로 인정받게 되고 문도를 이끌게 된다. 기원전 515년 제나라 경공이 공자에게 정치를 물었다. 공자는 "임금은 임금다워야 하고 신하는 신하다워야 하며, 아버지는 아버지 다워야 하고 아들은 아들다워야 한다"는 주장을 펼쳤다. 공자의 명성은 점차 세상에 퍼졌고 잠시지만 대사구라는 높은 벼슬에 올라 노나라의 개혁을 이끌었다. 하지만 현실 정치에서 공자는 중용되지 못했다. 공자는 제자를 이끌고 14년에 걸친 주유열국에 나서게 된다. 여러 군주를 만나 예교인정의 정치사상을 설파하지만 이 또한 받아들여지지 못했다. 기원전 484년 공자는 노나라에 돌아와 교육에 힘쓰고 시와 서 등 고전문헌 정리에 힘썼으며 노나라의 역사를 다룬 『춘추』를 편찬한다. 기원전 479년 세상을 떴다.

공자학설의 핵심은 '인(仁)'이다. 공자는 말한다. "극기복례(克己復禮)로 인을 삼는다. 매일 극기복례하면 천하는 인으로 돌아간다" 하지만 공자가 말하는 인이 무엇인지 명확히 밝히는 것은 결코 쉽지 않다. 인의 경계는 박애의 사회이고 인자는 세상 사람들에 대해 동정심을 가져야 하고 다른 이들을 위해 생각할 수 있어야 한다고 말한다.

공자의 정치적 이상은 주례(周禮)를 회복하는 것이었다. 예로 다스리면서 질서가 있는 사회를 만드는 것이었다. 공자가 살았던 춘추시대 말기는 주나라의 예법과 문화가 붕괴된 시대였다. 공자는 주나라의 전통과 문화를 계승하고자 했고, 예로서 어지러운 세상을 바로잡고 요순시대의 정치를 회복하려고 하였다. 그러한 측면에서 보면 공자는 흡사 복고주의자, 혹은 보수주의자처럼 느껴지기도 하는데 그것이 공자의 전부는 물론 아니다. 동시에 공자는 누구 못지않은 진보주의자, 또는 자유주의자라는 시각도 얼마든지 가능하다.


## 춘추전국을 알아야 한다

『논어』를 보다 정확히 이해하려면, 다시 말해 공자의 유가를 알려면 우선 춘추전국(春秋戰國)이라는 당시의 시대 배경을 알아야 한다. 결국 유가·도가·법가·묵가·잡가·종횡가 등 많은 제자백가들은 춘추전국이라는 시대의 산물인 것이다.

중국의 초기 역사에서 주나라가 갖는 의미는 각별하다. 요컨대 중화문명의 기틀을 확립했다고 할 수 있겠는데, 봉건제가 이때부터 시작되었고 사회 전반의 제도와 문물이 안정적으로 정리되고 유지된 왕조로서 특히 그러하다. 잘 알고 있는 주례·주역 등이 모두 주나라의 제도와 문물을 기록하고 있는 책이다. 주나라는 800년을 지속한 왕조다. 초기에는 여러 제후국이 주나라 조정에 복종하고 잘 따랐다. 그러다 주나라가 이민족의 공격을 받고 수도를 옮기게 되었을 때쯤, 즉 주나라 왕권이 약화되던 시점부터 각 제후국들은 점점 주나라의 통제에서 벗어나 독자적인 세력을 형성했다. 초기의 진했던 혈연관계도 몇백 년을 거치며 옅어지게 되었다. 자, 이렇듯 주나라의 왕권이 약해져 거의 유명무실하게 되고, 수많은 제후국이 약육강식의 상황으로 치닫게 되는 시기가 바로 춘추전국시대인 것이다. 수많은 나라가 피고 지고 또 이합집산을 거치며 천하는 점점 더 혼란에 빠지고 질서는 무너지고 전쟁이 계속되었다. 무려 550년 동안이나.

공자의 유가사상은 이러한 춘추전국시대의 극도로 혼란스러운 상황에서 탄생하였다. 신하가 군주를 농락하는 하극상이 만연하고, 아들이 아비를 따르지 않고 나 하나 살자고 다른 이들을 밥 먹듯 배신하는, 즉 예와 의, 신과 염치가 무너진 사회 속에서 논어가 등장하게 된 것이다.


## 공자의 정신적 스승, 주공

공자는 평생 주공(周公)을 존경하고 흠모했다. 『논어』 속에도 여러 번 주공이 언급된다. 그 속에서 주공은 이상적인 지도자, 나아가 공자가 따르고자 했던 롤모델이었다. 주공은 과연 누구인가. 그리고 어떤 이유로 공자는 그를 그리도 존경했을까. 이에 대해 알 수 있다면 공자와 그의 사상을 이해하는 데에도 도움이 될 수 있을 것 같다.

주공은 주나라 때의 정치가로 주나라를 세운 문왕의 아들이자, 무왕의 동생이다. 본명은 단(旦)이며 무왕과 무왕의 아들 성왕을 도와 주나라의 기틀을 확립하는 데 많은 공을 세운 인물이다. 특히 예악과 법도를 제정하여 주왕실의 제도와 문물을 창시했다고 알려져 있다. 그리하여 유가에서는 성인으로 여겨지는 인물이다.

주공이 후대인의 존경과 흠모를 받는 또 다른 이유는, 그가 결코 권력을 탐하지 않고 형의 무왕에 이어 무왕의 어린 아들인 성왕을 보좌하며 주나라의 기틀과 안정을 도왔다는 것에 있다. 7년간의 보좌를 끝으로 스스로 지위에서 물러났을 때, 주나라는 탄탄한 제도와 문물이 확고히 자리를 잡았고 사회는 매우 안정적이었다.

주나라의 제도와 문화를 확립하고 뛰어난 정치력과 지도력으로 주나라의 안정을 이룩한 인물, 그러면서도 권력이나 자신의 이익을 추구하지 않은 점은 많은 사람들에게 귀감이 되었고 추앙을 받게 되었다. 이른바 이상적인 지도자이자 인격적으로 성숙한 인간이었다.


### 만세사표(萬世師表), 공자는 성공한 교육자

공자는 현실 정치를 꿈꿨지만 살아 생전에는 그 뜻을 제대로 이루지 못했다. 이후 그의 유학이 국가의 정통 이데올로기가 되어 2000년 이상을 막대한 영향을 발휘하며 지속되었고 위대한 사상가로 추앙을 받게 되었지만, 춘추전국 당시의 현실 정치에서 공자의 사상은 제대로 중용되지 못했다.

현실에서 정치적 이상은 이루지 못했지만 그는 생전 위대한 스승으로 명성을 얻었다. 그리고 스승 공자는 지금까지 만세사표로 추앙된다.

공자는 많이 아는 사람이었고, 열심히 배우는 사람이었다. 배우는 데 있어서는 신분고하를 막론하고 겸손한 자세를 견지했고, 선생으로 학생들을 가르칠 때 역시 각자의 눈높이를 맞추어주었다. 이는 오늘날의 기준으로는 상식적인 교육관일지 모르나 2500년 전 고대 봉건 사회를 생각해보면 굉장히 획기적이고 진보적인 교육 철학이다. 여기서 또 한 번 공자의 위대함을 느끼게 된다.

공자는 평생 스스로 공부하고 가르친 사람이다. 누구든 차별 없이 고기 한 묶음만 가져오면 제자로 받아들였다. 공자는 자신이 배움을 좋아하는 보통사람이라고 말하고 있다. "나는 나면서부터 안 사람이 아니고 다만 옛 성인들의 글을 좋아하여 힘을 다해 연구한 것에 불과하다." 공자는 누구나 배워야 하고 또 배울 수 있는 능력이 있다고 믿었다. 그리고 신분에 상관없이 누구든 배울 수 있어야 한다고 강조했다. 왜 그렇게 교육을 중시했던 것일까. 배움을 통해 인간과 문명의 발전을 이룰 수 있다고 믿었던 것이다. 자, 그렇다면 스승 공자는 구체적으로 제자들에게 무엇을 가르쳤을까. 공자 이래 유가의 전통적인 가르침은 대략 6가지로 나누어 살펴볼 수 있다.

○ 서(書): 글쓰기로 대표되는 것, 즉 문학과 철학을 가르친다.

○ 수(數): 글자 그대로 수학을 의미하며 오늘날로 치면 이공계 교육을 의미한다.

○ 예(禮): 사람과 사람과의 조화, 즉 사회적인 관계를 가르친다.

○ 악(樂): 음악 교육, 노래, 춤, 악기 등의 포괄적인 예술교육을 가르친다.

○ 사(射): 활쏘기로 대표되는 모든 무예 기술을 가르친다.

○ 어(御): 수레나 마차를 모는 기술, 오늘날 운전 교육과 같은 실용적 기

술을 의미한다.


## 문자에 통달한 사람

우리는 흔히 공자 앞에서 문자 쓴다는 농담을 한다. 이 말이 괜히 나온 말은 아닐 것이다. 공자는 그만큼 많이 아는 사람이었고 그중에서도 문자와 문헌에 두루 통달한 사람이었다. 뿐만 아니라 주역에도 정통했으니 당시로서는 말 그대로 최고의 지식인이었던 것이다.

물론 공자 이전에도 중국에는 수많은 귀중한 문헌, 뛰어난 성현들이 존재했다. 공자는 일찍이 학문에 뜻을 두고 그 흩어져 있는 문헌들을 부지런히 배우고 익혔고, 옛 성현들의 가르침을 흡수하여 이후 2500년 중국인의 정신에 커다란 영향을 미친 사상체계를 완성하였던 것이다. 공자는 말했다. "나는 날 때부터 저절로 안 사람이 아니다. 옛것을 좋아하고 부지런히 찾아 배워 알게 된 사람이다." 또한 공자는 말했다. "나는 전달할 뿐이지 창조하지 않는다. 나는 옛것을 믿고 좋아한다."

자, 그렇다면 공자가 말한 그 옛것, 또 좋아했다던 옛것은 구체적으로 무엇인가. 공자가 문자에 통달한 이라고 한다면, 분명 그 옛것을 열심히 찾아 익혔기 때문일 것이다. 공자가 편찬, 혹은 기록하거나 연구하여 이름을 남긴 고대 문헌이라면 흔히 6대 고전을 든다. 이 고전의 내용은 물론 공자 이전에 존재했지만 공자의 노력에 의해 보존되고 더욱 명성을 얻게 되었으며 후세에 전해지게 되었다. 그것은 『서경』, 『시경』, 『역경』, 『예기』, 『춘추』, 그리고 『악』이 그것이다. 공자는 이 같은 고대의 학문을 정리, 편찬, 기록하면서 새로운 의미를 부여하였고, 그 자신은 문자에 통달한 거인이 된 것이다.

## 공자의 유머감각

우리는 공자에 대해 흔히 근엄하고 완벽한, 그래서 범접하기 어려운 성인의 이미지를 갖는다. 하지만 공자는 언제나 열린 마음의 소유자였고 언제나 제자들과 격의없이 대화를 나눈 인자한 인간이었다. 신분에 얽매이지 않았고 누구와도 눈높이를 맞추려 했다.

공자는 자신의 감정에 솔직했고 유머도 종종 구사했다. 물론 공자의 유머는 대 놓고 웃기는 성격이 아니라, 듣고 나면 씩 웃음짓게 만드는 그런 종류였다.

예를 들어 다음의 문장을 보자. 섭공이 자로에게 공자에 대해 물었지만 자로는 대답하지 못했다. 이에 공자가 말했다. "너는 왜 이렇게 말하지 않았느냐. 공자 그이는 열심히 공부하다보면 밥 먹는 것도 잊고 즐거우면 걱정도 잊어버려서 장차 늙음이 찾아오는 것도 알지 못한다고 말이야"「술이편」. 재밌는 표현이다. 은근슬쩍 자신을 자랑하는 것도 같고, 제자인 자로가 알아서 자신을 좀 띄워주기를 살짝 바랐던 것 같다.

이런 문장도 재미있다. 자공이 공자에게 말했다. "저는 남이 저에게 함부로 하는 것을 원하지 않고 저 또한 남에게 함부로 하지 않을 생각입니다." 공자가 말했다. "자공아, 네가 할 수 있는 것이 아니다"「공야장편」. 제자가 한껏 자신의 포부를 말하자 싱긋 웃으며 기특하다만 아직 네가 할 수 있는 경지가 아님을 일러주는 스승의 모습이 재미있다.

## 따뜻한 남자, 공자

『논어』를 통해보면 보면 공자는 제자에게는 물론 다른 손님들에게도 따뜻하고 인간적인 모습으로 대했고 편안함을 주었던 인물이었음을 알 수 있다.

공자는 제자들에게는 격의 없는 태도를 보여주었다. 또한 모든 일에 있어서 분명하고 자신감이 넘친 사람이었지만, 만약 다른 사람이 자기와 다른 의견을 말해도 그 의견을 무시하는 일이 없었으며 그들의 주장이 옳은 것이면 망설이지 않고 인정해 주었다. 쉬워 보이지만 그러기란 사실 쉽지 않은 일이다.

어느 날 맹인을 손님으로 접대하게 되었을 때, 공자는 그 손님이 볼 수 없는 것들을 모두 설명해 주는 등 세심하게 배려해주었다. 그리고 『논어』「향당편」을 살펴보자. 마구간이 불에 타 말들이 모조리 죽었지만 공자는 "사람이 상했느냐?" 하고 한 마디 물었을 뿐 말에 관해서는 묻지 않았다. 이러한 일화들은 공자가 단순히 지성만 부르짖었던 사람이 아니라 따뜻한 인간애까지 지녔던 인물이었음을 시사하고 있다.


## 논어의 핵심개념—인

『논어』의 핵심을 이야기 할 때 흔히 인(仁)을 든다. 인은 오늘날 흔히 쓰는 단어이고 '어질다'라는 뜻으로 알고 있는데 단순히 어질다,라는 의미로 국한되지 않는다. 과연 공자가 말하는 인이라는 것이 정확히 무엇을 가리키는 것인가 하는 질문에 대해서는 선뜻 답이 나오지 않는다. 더욱이 공자가 인에 대해 자주 언급하지 않았다는 주장에 이르면 더욱 그러하다. 그에 대해 정자(程子)는 이렇게 말했다. "이(利)를 따지면 의

(義)를 해치게 되고, 명(名)의 이치는 은미하고 인(仁)의 도는 크기 때문이다." 정자의 설명에 따르자면, 공자가 인을 드물게 말한 것은 그것이 대단히 중요한 개념이기 때문에 다른 일반적 개념처럼 가볍게 말할 수 없다는 뜻이 된다. 실제로 논어 전반에서 인을 말한 경우는 많지 않다. 가령, 예나 효, 군자와 같은 중요한 개념에 대해서는 많은 예를 들고 있지만, 인에 대해서는 그렇지 않다.

재차 말하지만 후대인인 우리가 공자가 말한 인의 개념을 정확히 파악하기란 쉽지 않다. 공자 또한 그것에 대한 의미를 정확하게 혹은 엄밀하게 풀이하지 않았다. 따라서 공자가 말하는 인의 개념을 이야기하기 위해서는 논어의 문장 중 인과 관련된 부분을 예로 들어 살펴볼 수밖에 없을 것이다. 중궁이 묻는다. "선생님, 인이란 무엇입니까?" 공자가 답한다. "집을 나서는 순간 만나는 모든 사람을 큰손님 대하듯 하는 것이 인이다." 공자는 또한 말한다. "인은 멀리 있는 것이 아니고 내가 인을 실천하면 인은 자연스럽게 따라오는 것이다." 이어서 다음 문장을 보자. "인자는 어려운 일을 먼저 행하고 그 이익은 나중에 취하니, 이렇게 하면 인하다고 할 만하다." 예상대로 딱 꼬집어 설명하지 않고, 그저 간접적으로 넌지시 그 모습을 드러낼 뿐이다.

좀 더 쉽게 생각해 보자. 사실 공자 사상의 핵심이 인이라는 것은 뒤집어보면, 인이라는 것은 공자의 삶 전반에 녹아 있다는 것과 같다. 따라서 비록 『논어』에서 인에 대해 직접적인 설명을 하지 않더라도, 인은 논어 전반에 걸쳐 설명되고 있는 것과 다름이 없다는 말이다. 인이 무엇인지에 대해서는 그러므로 다양하게 설명될 수 있을 것이다. 아주 간단히 말하자면, 인은 곧 '사람다움'이라고 말할 수 있을 것 같다.

## 논어의 핵심개념— 예

『논어』 속에 등장하는 예(禮)라는 말, 얼핏 쉽게 다가오기도 하지만, 읽을수록 참 포괄적이고 광범위하다는 생각을 하게 된다. 공자가 말하는 예는 어떤 특정한 사람, 혹은 상황에만 해당하는 것이 아니라 일상생활에서 사람을 대하는 모든 행동양식을 포괄하는 개념이다. 예를 행할 때는 상대방을 존중하는 마음이 바탕이 되어야 하지만, 그 못지않게 예를 행하는 과정에서의 형식과 절차도 중요하다고 보고 있다. 어쨌든 예를 행하는 것은 말처럼 쉽지 않은 것이지만, 인간은 이를 통해 한 단계 더 높은 경지로 나아가 고도의 자유를 내면화할 수 있는 것이다. 예에 대한 언급을 몇 대목 살펴보자.

먼저, 기본적인 사회 질서를 유지하기 위한 행동 규범으로 예를 제시하는 대목이다. "그렇다면 관중은 예를 알았습니까?" 공자가 답한다. "임금이 나무로 문을 가리면 그도 역시 나무로 문을 가리고, 임금이 양국 간의 우호를 위하여 반점을 차려놓으면 그도 역시 반점을 차려 놓았소. 그런 그가 예를 안다고 하면 누군들 예를 모르겠소?" 공자에 의하면 관중은 예를 모르는 사람이다. 신하인 관중이 임금과 같은 행동을 했기 때문이다. 각자의 신분질서에 맞게 행동하는 것, 그것이 바로 예인 것이다.

예를 실천하는 것은 물론 중요한 것이지만, 형식에 앞서 마음이 더욱 중요함을 강조한 대목을 보자. "예는 사치스럽기보다는 차라리 검소해야 하고, 상례는 갖추는 것보다는 차라리 슬퍼해야 하는 것이다."

마지막으로 다음의 문장을 보자. 공자가 말씀하셨다. "시로써 감흥을 일으키고, 예로써 행동규범을 세우며, 음악으로써 인격을 완성시킨다." 이 문장 안에 예가 무엇인지 간단명료하게 드러난다.

## 논어의 핵심개념—군자

논어에는 인과 더불어 군자(君子)를 알아야 한다. 군자는 간단히 말해 이상적인 인간상이라고 할 수 있다. 하지만 인과 마찬가지로 명확하게 정의하지 않고 질문에 대한 답으로 그 실체를 적어 놓았다. 『논어』 전편에 걸쳐 100여 차례가 언급되는 이 군자에 대해 알아보자.

○ 군자는 말보다 행동이 앞선다. 「위정편」
○ 임금이 어린 자식을 부탁할 수 있고, 나라의 운명을 맡길 수 있고, 어려울 때에도 그의 지조를 빼앗을 수 없다면 그는 군자다운 사람이다. 「태백편」
○ 군자는 근심하지도 두려워하지도 않는다. 「안연편」

『논어』는 또한 군자와 대비되는 개념으로 소인을 언급한다. 이러한 대조를 통해 군자의 이미지, 개념이 좀 더 구체적으로 잡힌다.

○ 군자는 모든 사람을 두루 사귀지만 소인은 그렇지 못하다. 「위정편」
○ 군자는 의리에 밝고 소인은 자기의 이익에만 밝다. 「이인편」
○ 군자는 마음이 넓고 편안하여 그의 모습이 커 보이지만, 소인은 항상 근심하고 슬퍼하는 모습이다. 「술이편」
○ 군자의 덕은 바람과 같고, 소인의 덕은 풀과 같다. 풀 위로 바람이 불면 풀은 넘어지게 되어 있다. 「안연편」
○ 군자는 다른 사람과 화합하지만 부화뇌동하지 않고, 소인은 부화뇌동하지만 화합하지 못한다. 「자로편」

이처럼 군자는 공자가 제시하는 이상적인 인간상으로, 소인과 대비되는 개념이다. 굳이 정리를 한다면, 군자는 작은 행동 하나에서부터 끊임없는 노력과 실천을 통해 도덕적으로 완성을 이룬 인격체인 것이다.

## 논어의 핵심개념―정명

『논어』에서 중요하게 다루어지는 또 하나의 개념이 소위 정명(正名), 즉 이름을 바로 하는 것이다. 우리가 흔히 말하는 "임금은 임금다워야 하고 신하는 신하다워야 한다. 아비는 아비다워야 하고 아들은 아들다워야 한다"라는 것이 바로 이 정명을 말하는 것이다.

자로가 공자께 물었다. "위나라 임금께서 선생님께 정치를 맡기신다면 무엇을 가장 먼저 하시겠습니까?" 공자께서 말씀하셨다. "반드시 명(名)을 바로 세울 것이다." 그러자 자로가 잔뜩 의심이 섞인 마음으로 다시 물었다. "현실과는 먼 말씀이 아니신지요. 어찌 명(名)을 먼저 세운다 하십니까?" 공자께서 말씀하셨다. "자로야, 너는 참 비속하구나. 군자는 자기가 알지 못하는 일에는 입을 다무는 법이다. 명이 바로 서지 않으면 말이 불순해지고, 말이 불순해지면 일이 이루어지지 않으며, 일이 이루어지지 않으면 예악이 일어나지 못하고, 예악이 일어나지 못하면 형벌이 적절하게 집행되지 못하고, 형벌이 잘 집행되지 않으면 백성이 손발 둘 곳이 없게 된다. 따라서 군자가 명을 바로 세우면 반드시 말이 서고 말이 서면 반드시 행해지게 될 것이니, 군자는 말을 세움에 있어 조금도 소홀함이 없어야 한다."

이로 미루어 볼 때 공자가 말한 "정치란 이름을 바로 하는 것"이란 말이 무엇인지 감이 잡힌다. 즉 눈앞의 표면적인 문제나 그에 대한 욕심을 버리고 근본을 바로 세우는 것이 중요함을 역설하고 있는 것이다.

## 『논어』는 왜 논어인가

예전부터 드는 궁금증이 있다. 제자백가서는 모두 사람의 이름을 붙이는 게 일반적이다. 『맹자』, 『순자』, 『노자』, 『장자』, 『묵자』 등등. 그런데 『논어』는 왜 공자가 아니라 『논어』일까. 그 이유를 정확히는 알 수 없지만 아마도 여기엔 무언가 이유가 있을 것 같다. 자, 그리고 이런 질문도 던질 수 있다. '논어'란 말 그대로의 말을 논한다는 의미인데, 그렇다면 왜 굳이 論言이 아니고 論語인가?

자, 나름의 답을 해보자. 우선 '言'이 아닌 '語'를 썼다는 것은 이때의 말하는 것이 '혼자 말하는 것'이 아니라 '누군가와 대화를 주고 받는 것'이라는 의미. 즉 여기서의 '語'는 상대방과 주고받는 대화 속의 말, 혹은 상대에게 어떤 사실을 알려주는 말을 일컫는다고 보여진다. 그렇다. 『논어』는 대화체로 이루어져 있다. 불경, 성경 등 고대의 경전을 보면 공통적으로 이 대화체의 방식을 사용하고 있다. 이는 고대인들이 스승과 주고받는 대화를 통해 깨달음을 구했기 때문이다.

그런 의미에서 보면 『논어』는 열려 있는 텍스트다. 공자의 일방적인 가르침이 아니고, 제자들과의 대화, 혹은 다른 이들과의 주고받은 대화를 기록한 말들의 기록이다. 그래서 비유컨대 언어의 숲이요 말들의 향연인 것이다.

## 논어의 체제

『논어』는 짧은 대화가 중심이 된다. 대개 문답의 형식이 많고 제자가 공자에게 묻는 형식도 있고 반대로 공자가 제자에게 묻는 경우도 있다. 서로 다른 이야기들이 앞뒤 별다른 연관 없이 나열되는 형태를 취한다. 다시 말해 산만하고 무질서하다.

왜 이런 형태를 취할까. 이는 공자의 말을 후에 제자나 주변인들이 기록, 편집했기 때문이다. 다시 말해 공자의 언행과 당시의 일을 그대로 기록하려 한 흔적이 엿보이며, 그러므로 당시의 현실적인 언어에 가깝다고 볼 수 있다.

『논어』는 모두 20편으로 나누어져 있고, 편명은 각 편의 첫 구절을 따서 지었다. 내용은 첫째 공자의 말, 둘째, 공자와 제자간의 대화, 셋째, 공자와 당시 사람과의 대화, 넷째, 제자의 말, 다섯째, 제자 간의 대화로 구성되어 있다. 논어는 직접화법의 성격이 강하지만, 대부분 논리적인 근거가 명확한 편은 아니다. 간결한 표현 때문에 해석의 폭이 넓은 것도 하나의 특징이다. 또한 기록 시기가 빠르기 때문에 표현방식역시 비교적 소박하고 다양한 수사기법이 사용되지 않았다. 하지만 그짧고 소박한 말들은 그 평이함 속에 복잡함을 숨기고 있다.


## 내용의 불균질성

많은 이들이 오늘날 전해지는 『논어』가 애초의 형태가 아니라 후대에 덧붙여지고 혹은 변형되어 이루어진 것이라는 말을 한다. 가령 체제에 일관성이 없고 편과 편 사이의 연관성도 따로 없다는 점 등을 그 근거로 든다. 논어 20편 중 앞의 10편은 초기의 형태고 뒤의 10편은 나중에 추가된 것이라는 견해도 있다. 아닌게 아니라 자세히 들여다보면 상·하편은 문체와 호칭, 술어 등에서 차이를 보이며, 상 10편의 마지막인 「향당편」은 공자의 일상을 담아내며 뭔가 결말을 내는 듯한 느낌도 든다.

하지만 과연 그러한 건지 우리로서는 정확히 알 길이 없다. 이에 대해 숭실대 공상철 교수는 『논어』에서 그냥 간단히 자왈(子曰)로 시작되는 문장은 고층대에 속하는 파편으로 봐도 무난하고, 여러 사람 사이에서 오가는 긴 대화 형식을 취한 것이나 논쟁의 성격이 강한 것, 드라마적인 구조를 갖춘 것은 대체로 후대에 어떤 의도를 가진 집단에 의해 편입된 것이라고 설명한다.

요컨대 『논어』의 완성에 대해서는 수많은 말과 의혹, 추측이 있지만, 정확이 언제 누가 만들었는지 확답을 하긴 어려워 보인다. 다만 『논어』를 읽으면 『논어』라는 책은 공자가 죽은 뒤 그의 제자들이 스승의 말씀과 행적을 기록하고 자신들의 견해와 이야기들을 첨가해서 만들었다는 것을 자연스레 알게 된다.


## 공자의 제자들—수제자 안회, 자로, 자공에 대해

공자에게는 수많은 제자들이 있었다. 직속제자가 3,000이 넘었다 하고, 그중 뛰어난 이들을 70제자로 부르고, 또다시 학문과 덕행이 뛰어난 제자 10명을 따로 이야기하기도 한다. 그중에서도 『논어』 전반에 걸쳐 가장 활약이 크고 또 공자가 사랑한 제자를 꼽는다면 안회, 자로, 자공을 들 수 있다.

공자의 제자 중 한 명을 꼽으라면 아마도 안회가 될 것이다. 어질고

착한 성품에 배우기를 좋아하여 공자의 인정과 칭찬을 받은 제자였다. 어려운 환경 속에서도 한결같은 자세로 스승을 믿고 따랐다. 그의 깊고도 진실된 모습에 공자는 감동할 때가 많았다. 공자는 좋은 세상이 오면 가장 먼저 안회가 제 능력을 펼칠 것이라고 했지만 안타깝게도 그는 젊은 나이에 세상을 떠난다. 공자는 안회의 죽음 앞에서 오열했다. "저 사람을 위해 애통하지 않고서 누구를 위해 애통하겠는가" 비탄에 젖어 말했다. "아, 하늘이 나를 버리는 구나. 나를 버리는구나."

그리고 자로, 친구와 같은 제자 자로가 있었다. 자로는 공자의 문하에 들기 전에는 혈기 넘치는 협객이었다. 거칠지만 소박하고 정이 넘치는 인물이었고, 공자의 제자가 된 뒤에도 여전히 혈기 넘치고 정의감 있는 모습을 보인다. 공자는 자로의 성급함과 혈기를 제어하기 위해 때로 엄하게 대하기도 했지만, 가장 친한 제자 중 하나였던 것은 분명해 보인다. 공자는 "자로가 내 문하에 들어온 뒤 나에 대해 뒷말을 하는 사람이 없었다"고 하고, "자로는 대청까지 들어온 사람이다. 아직 방에 들지 못했을 뿐이다"라며 자로를 확실하게 인정해준다. 자로 역시 정치에 휘말려 공자보다 먼저 세상을 떠난다.

자공은 공자의 제자 중 가장 부유하고 현실감각이 뛰어나 공문의 운영과 번영에 크게 기여한 인물이다. 즉 공자의 이름이 천하에 널리 알려지게 된 데에는 자공의 역할도 한몫했다고 볼 수 있다. 후에 위나라에서 벼슬을 했고 외교에서도 많은 공을 쌓았다.

## 묵자와의 비교를 통해 본 공자

주지하듯 춘추전국시기는 백가쟁명의 시대였다. 난세를 건너기 위해 수많은 학술과 사상이 활발히 생산되었고 뜨거운 경쟁을 벌이며 열기를 뿜었다. 그 어떤 시대에 그런 사상적 폭발이 있었던가. 공자와 유가를 좀 더 생생하고 선명하게 보는 방법 중 하나는 당시의 라이벌과의 비교를 통하는 것이다. 그를 통해 그 본모습을 더욱 생생하게 드러낼 수 있을 것이다. 춘추전국시기, 대규모 교단을 이끌며 가장 두드러졌던 학파가 바로 공자의 유가와 묵자의 묵가사상이었다. 그리고 그 둘은 격렬하게 대치했다.

공자와 묵자는 대표적인 사상의 바탕에서부터 차이를 보인다. 공자는 사상의 근본이 인이며. 사람을 인정하고 사랑하되, 예컨대 가려서 사랑하라는 식이다. 인의 중요한 덕목인 효를 생각해보자. 가족적인 결합에서 시작하여 육친 사이에서 진심으로 배어나오는 애정을 먼저 상정했다. 그로부터 시작해서 주위 사람들로 사랑의 범위를 넓혀나가는 식이다. 반면 묵자의 경우, 그 근본은 겸애(兼愛), 즉 모든 사람은 평등하다는 원칙을 고수한다. 다시 말해 모든 사람을 차별하지 말고 사랑해야 한다는 주장이다. 공자가 말한 인이 실현된 사회란 우선 나 자신을 정립하고 다른 이들도 그 스스로를 정립할 수 있도록 도와서 모두가 인간답게 사는 상태를 말한다. 묵자가 꿈꾼 것은 평등을 기초로 한 공동체 사회였다.

많은 이들이 두 사상의 차이를 두고 진보와 보수로 나누어 기술하기도 하고, 그 성격을 들어 엘리트와 민중의 잣대로 그 차이를 설명하기도 한다. 보다 중요한 것은 두 사상 모두 춘추전국이라는 난세 속에서 사람답게 살기 위해서 각자 최선의 방식을 찾기 위해 노력했다는 점이

다. 그리하여 공자의 유가, 묵자의 묵가 모두 시대를 초월하여 현대에
도 영향력을 끼치고 있고 많은 시사점을 주고 있는 것이다.


## 유교의 계보

유교에는 도통(道統)이란 것이 있다. 그것은 '유학의 참 정신이 전해
내려온 큰 흐름', 즉 유교에서 그 사상이 전해지는 정통적인 계보를 뜻
한다.

도통은 『맹자』에서 제기되었다. 『맹자』는 도통을 요(堯), 순(舜), 우
(禹), 탕(湯), 문왕(文王), 공자 순으로 제시하고 있다. 당대의 대학자 한유
는 『원도(原道)』라는 작품에서 맹자가 제시한 도통에 대하여 공자 앞에
무왕(武王)과 주공(周公)을 더하고, 공자의 도가 다시 맹자로 이어지는 것
으로 파악했다. 성리학을 완성한 송나라 주자는 공자 뒤에 증자(曾子)와
자사(子思)를 추가하고, 이것이 맹자를 거쳐 자신의 스승인 정호(程顥), 정
이(程頤)에게 이어진다고 하여 도통을 확립하였다. 그리하여 주자시대의
유학에서는 다음과 같은 일련의 학문 계통을 의식적으로 구성하고 있
었으며, 당시의 유학을 '도통(道統)의 학문'이라는 뜻에서 도학(道學)이라
불렀다. 도학은 또한 정주학(程朱學), 주자학(朱子學), 이학(理學), 이기학(理
氣學), 성리학(性理學) 등으로 불리기도 했다.


## 공자의 유가는 엘리트를 위한 사상인가

『논어』를 읽고, 공자가 살았던 춘추전국에 다가가다 보면, 자연스레
드는 의문이 여러 가지가 있다. 그중 하나는 공자의 유가는 엘리트들을

위한 사상인가 하는 것이다. 가령 유가와 더불어 거대한 학파를 형성했던 묵가와의 비교를 통하면 더더욱 그런 생각이 든다. 묵가가 민중, 하층민을 대변했다면, 유가는 위정자, 엘리트를 위한 사상이었을까. 논어에서 강조되는 충·효와 같은 항목이 특히 그런 생각에 부채질을 한다. 또한 논어에서 여자는 거의 배제되어 있다는 점도 그러하다.

『논어』에서 중요하게 다뤄지는 개념들, 즉 인·예·충·효·정명 등등은 물론 개인의 수양과 행동의 기준이 되지만, 동시에 군주의 역할과 덕목을 강조하며 사회의 조화와 안정을 위한 수단으로도 해석된다. 즉 위정자의 통치를 위한 효과적인 기준, 혹은 수단으로 여겨질 수 있고, 실제 중국 역사에서도 그렇게 활용된 측면이 강하다. 그런 점에서 앞선 의문과 해석은 자연스럽고 또 일정한 설득력을 갖는다.

물론 다른 의견도 얼마든지 가능하다. 논어 속의 충·효·예 등이 결코 상사에 대한 무조건적인 충성이나 부모에 대한 의무적, 혹은 강제적 효, 혹은 규범이 아니라 스스로를 수양하고 성찰하는 구체적 실천 항목이자 덕목이라는 점에 주목할 수 있다. 즉 유가가 결코 위에서 아래로 향하는, 엘리트를 위한 사상이 아니라 모두가 더불어 잘사는 것을 추구했다고 말할 수 있다.


## 논어의 주

『논어』라는 책이 만들어진 후 역대로 많은 주석이 달렸다. 중국뿐 아니라 한국, 일본에서도 많은 학자들이 주석 작업을 했다. 가령 주희의 『논어집주』, 소라이의 『논어징』, 다산 정약용의 『논어고금주』, 유보남의 『논어정의』, 양백준의 『논어역주』 등 우리에게 잘 알려진 주석만

해도 여러 종이다. 역사적으로 중요한 주석과 그 편찬 과정을 간략하게나마 살펴보자.

『논어』는 한나라에 이르러 노나라, 공자의 고택, 제나라 등에서 발견되었는데, 서로 약간씩 차이가 있었다. 이를 각각 노론·고론·제론이라고 부른다. 이후 한나라 장우가 노론을 기본으로 하고 제론을 참고하여 정리한 장후론(張侯論) 20편이 세상에 널리 유통되었다. 다시 얼마 뒤 후한 정현(鄭玄)이 이 장후론을 기본으로 하여 조정, 정리한 정현주본이 나왔다. 이어 삼국시대 위나라의 하안(何晏)이 주도가 되어 정현본을 위주로 다시 정리하여 『논어집해』를 발행한다. 이것을 따로 고주라고도 부른다.

이 밖에 양나라 황간(皇侃)의 『논어의소』가 유명하고, 남송시기 주희가 주석을 단 『논어집주』는 이후 널리 유포되는데, 이를 고주와 상대되는 신주라 칭한다. 『논어집주』는 과거시험의 지정주석서가 되면서 큰 영향력을 발휘한다. 주지하듯 우리 한국에서도 『논어집주』의 영향력은 지대했다.

그 외에 청나라 유보남(劉寶南)이 정리한 『논어정의』가 있고 『논어집주』를 다시 상세히 보충한 간조량(簡朝亮)의 『논어집주보정술소』도 유명하다. 근자에는 양백준의 『논어역주』가 널리 읽히는데, 정확하고 모범적인 현대 중국어 주석본으로 유명하다.


## 질문과 대답

『논어』에 쓰인 의문문을 자세히 분석한 적이 있다. 『논어』의 문장은 문답으로 이루어진 경우가 많기 때문에 책 전반에 걸쳐 많은 의문문이 등장하고 있다. 의문문은 광범위한 어휘와 다양한 구조를 담고 있기 때문에 『논어』 전반의 언어는 물론 춘추전국의 중국어 문장구조, 나아가 『논어』 자체에 대한 이해에도 도움을 준다.

『논어』에는 여러 종류의 의문문이 나오는데, 특히 반문이 많이 사용된다. 알다시피 반문이란 것은 의심이 있어 사용하는 것이 아니라 자신의 견해를 강조하기 위해서, 혹은 상대를 일깨우기 위해 사용된다. 공자는 제자들에게 이 반문을 자주 사용하여 이른바 일깨움을 주고 있는 것이다.

반대로 제자들의 경우에는 직접적인 질문을 많이 사용하며, 때때로 추측의 형식을 통해 자신의 의견을 개진하거나 스승의 확인을 기다리는 경우가 많다. 이 또한 흥미로운 부분이다.


## 논어 속의 성어

유가의 경전으로 엄청난 영향력을 지닌 『논어』는 한마디로 주옥같은 말들의 향연이다. 씹을수록 깊은 맛이 배어나오는 바, 『논어』에 유래를 두고 있는 성어가 많다. 논어 속의 번뜩이는 성어들을 추려서 기억해보는 것도 논어를 읽는 하나의 좋은 방법이 될 듯하다. 우리에게도 잘 알려진 『논어』 속 성어를 몇 개 골라 살펴보자.

○ 온고지신(溫故知新): 『논어』 「위정편」에 나오는 말로, 옛것을 익히고 그것으로 새것을 안다는 뜻이다. 공자가 제자에게 한 말로서, 옛 문헌을 부지런히 찾아 익히고, 새로운 것을 안다면 스승이 될 만하다고 했다. 말하자면 스승의 자격 조건에 대해 언급한 것이다.

○ 후생가외(後生可畏): 직접적인 의미는 나중에 태어난 사람을 두려워할 만하다라는 의미인데, 학문을 대하는 태도가 언제나 겸손해야 함을 일깨우는 성어다.

○ 학이불권(學而不倦): 배우며 싫증내지 아니한다는 말이다. 즉 학문하는 자세를 강조하는 말이라 하겠다.

○ 언이유신(言而有信): 말에는 믿음과 신용이 있어야 한다는 뜻이다. 이는 사람을 대할 때, 친구를 사귈 때 주의해야 할 사항을 강조한 것이다.

○ 술이부작(述而不作): 성인의 말을 전하고 자기의 설을 짓지 않는다는 의미인데, 공자의 스승관, 혹은 그 역할을 강조한 것이다.

○ 극기복례(克己復禮): 이는 자신을 극복하고 예로 돌아간다는 의미의 성어다. 조금 더 풀어보면 자신의 욕심을 버리고 사람이 본래 지녀야 할 예의와 법도를 따라야 한다는 말이다.

○ 살신성인(殺身成仁): 자신을 희생하여 인을 이룬다는 의미로 잘 알려진 성어다.

○ 일언이폐지(一言以蔽之): 한마디의 말로 그 전체의 뜻을 말한다는 의미다.

○ 유시유종(有始有終): 처음도 있고 끝도 있다는 말로, 한 번 시작한 일을 끝까지 마무리함을 일컫는다.

○ 언불급의(言不及義): 말이 의에 미치지 않는다는 뜻인데, 알맹이 없이 잔꾀나 부리고 잡담에 그치면 안 된다는 것을 일깨우는 성어다.

## 평범함 속의 비범함

『논어』를 곁에 두고 평생 읽는 사람들이 많다. 읽을 때마다, 또 나이에 따라 읽는 맛이 다르고 그 의미가 새롭게 다가온다는 이야기를 많이 듣는다. 맞는 말이라고 생각한다. 개인적으로도 20대 시절에 읽은 『논어』와 지금 마흔이 되어 읽는 논어는 느낌이 많이 다르다. 예컨대 예전에는 공자라는 이름이 갖는 무게를 많이 느꼈다면, 최근에는 보다 편하고 담백하게 다가온다고 할까.

흔히들 하는 말처럼 씹을수록 깊은 맛이 배어나오는 것 같다. 무엇보다 『논어』에는 우리네 삶과 같은 일상성이 있다. 공자는 매일 매일 제자들과 대화를 나누고 인간의 일상사를 이야기한다. 평범하고 사소한 이야기 같지만, 그 속에 우리가 꼭 알아야 하고 간직해야 할 주옥같은 부분이 많다. 바로 이러한 평범한 속에서 비범함을 길어 올리는 것, 그것이 바로 『논어』의 진짜 매력이 아닐까 싶다. 간단하고 친근하지만 깊이가 있는 문답과 말들, 그러한 경지는 하고 싶어도 아무나 쉽게 다다를 수 있는 경지가 아니다.


## 공자는 왜 유랑을 떠났나

많은 이들이 공자를 두고 도전정신, 청년정신을 말한다. 특히 세상사에 치이고 치였을 많은 나이, 이제는 모든 걸 내려놓고 쉴 만한 나이였음에도 고난이나 실패를 두려워 않고 머나먼 유랑 길을 떠나는 부분에서 그런 이미지가 강하게 발현된다.

공자의 유가철학에는 14년이라는 주유천하가 밑바탕 되어 있다. 그 과정에서는 공자는 죽을 고비도 여러 번 넘겼고 사정이 어려워 굶기도 했으며, 때로는 사람들의 멸시를 받기도 했고 또한 사랑하는 제자를 떠나보내기도 했다. 그런 어려운 여정을 공자는 왜 시작했을까. 그것은 의심할 바 없이 자신의 이상을 실현시켜 새로운 세상을 만들고 싶었기 때문이었다.

정치를 바로잡아 올바른 세상을 만들어보겠다는 이상을 품은 공자는 노나라에서 대사구라는 높은 관직에 올랐다. 하지만 공자의 꿈은 현실의 벽 앞에서 번번히 막혔다. 정치는 부패했고 도덕과 예절은 무너진 지 오래였다. 공자는 미련 없이 고향을 떠나 자신의 이상을 펼치기 위해 세상 속으로 뛰어든다. 이때 공자의 나이 55세였다. 비록 길을 떠나는 심정이 참담했을지라도 자신의 꿈을 결코 포기하지 않았다. 수많은 역경을 거치고 주위 사람들의 비웃음을 사고 사랑하는 이들이 떠나갔어도 공자는 좌절하지 않았고 포기하지 않았다.

길고 길었던 14년의 주유천하, 공자는 여전히 받아들여지지 않았고 결과적으로 실패였다. 이쯤 되면 세상에 대한 미움이나 원망이 들 법도 하지만, 공자는 결코 비관주의자나 냉소주의자가 되지 않았다. 고국 노나라에 돌아와 제자를 가르치고 노나라의 역사서인 『춘추』를 편찬한다.

공자는 결코 책상 머리 앞에서 입으로만 훈계를 하는 사람이 아니다. 요즘 말로 하면 실천하는 지성인이었고, 언행이 일치하는 사람이었다. 그 스스로 끊임없이 노력하고 실천하는 삶을 몸소 보여주었고, 온갖 고난과 실패를 겪어도 결코 좌절하거나 노여워하지 않으며 평생 자신을 갈고 닦으며 연마한 사람이었던 것이다.

## 논어와 음악

논어 속에는 음악에 대한 이야기가 종종 나온다. 공자는 음악을 중시했고 즐겼던 사람이다. 왜 음악이었을까. 음악은 예와 짝을 이루는 유가의 중요한 실천덕목이었다. 다음의 구절을 보자. "시로 일어나서 예로 서며 음악으로 완성한다." 공자는 음악에 대해 커다란 의미를 부여하고 있는 것을 알 수 있다.

이런 구절도 있다. "선생께서는 다른 사람과 노래를 부를 때, 상대가 잘 부르면 반드시 다시 부르게 하신 후 따라 부르셨다." 다른 이들과 함께 노래를 부르는 공자의 정겨운 모습이 상상되는 대목이다.

공자가 음악을 중시하고 얼마나 그것에 몰두했는가를 잘 보여주는 대표적인 문장이 있으니 바로 "선생께서 제나라에 계실 때, 소를 듣고 석달 동안 고기맛을 모르셨다"라는 대목이다. 소라는 것이 과연 어떤 음악인지는 알 수 없지만, 여기서 분명해보이는 것은 음악에 대한 공자의 예민한 감수성이다. 논어 속 음악 이야기는 많은 사람들이 공자에 대해 갖는 일반적인 선입견을 자연스레 녹여주는 흥미로운 부분이다. 공자는 결코 근엄하고 딱딱한 사람이 아니었던 것이다.


## 왜 다시 공자인가

앞서도 말했듯이 최근 중화권에서는 공자열이 뜨겁다. 『논어』 관련 텔레비전 강좌가 선풍적 인기를 끌었고, 강의 내용을 담은 『논어심득』이란 책은 폭발적인 판매고를 기록했다. 『논어』와 공자에 관련된 서적이 봇물 터지듯 나오고 있으며, 공자의 고향 곡부는 전 세계 화교들의 성지순례지가 되고 있다. 많은 대학에서 공자와 유교를 중점적으로 연구하는 열기가 조성되고 있다. 그뿐만 아니라 영화나 드라마 같은 대중문화에서도 공자를 계속해서 다루고 있다. 예컨대 최근 저우룬파(周潤发, 주윤발)이 체현한 영화 〈공자〉가 개봉되어 많은 화제를 모았다. 국가주석인 후진타오(胡錦濤)는 영화 〈공자〉의 감독 후메이(胡玫)를 만나 이 영화가 공자의 사상과 업적을 전 세계에 알릴 수 있는 좋은 기회라고 강조했다고 한다. 소위 중국 정부의 공자 띄우기가 뚜렷한 것이다. 이처럼 최근의 공자열은 일정부분 위에서 의도적으로 기획된 면이 농후하다. 몇 가지 근거를 댈 수 있겠다. 중국 명문대학 중 하나인 인민대학은 유교 교육을 전담하는 국학원을 설립하여 학생들을 유치하고 있다.

그런데 왜 지금 새삼스레 공자인가. 물론 유교의 비조로서 아시아 전역에서 막대한 영향을 행사했지만, 알다시피 신중국 건국 후 공자는 줄곧 부정의 대상이 아니었던가. 다시 말해 공자로 위시되는 유교 문화를 부정하며 격렬한 비판을 가했던 중국 정부를 생각해보면, 지금의 공자 열기는 분명 새삼스러운 면이 있다. 자, 공자는 2500년 후 자신이 이렇게 대접을 받는 인기 스타가 되리라고 생각했을까. 왜 이런 변화가 생기는 것일까.

중국 정부는 공자사상을 통해 새로운 이념적 돌파구를 찾고 있는 것으로 보인다. 개혁 개방 이후 중국에서는 혁명이니 계급이니 하는 공허한 구호를 대신하여 사람들을 모을 수 있는 구심점이 필요했을 터이고, 그 자리를 자연스레 공자와 유교로 대표되는 전통문화가 차지하는 것 같다. 최근 중국에서는 소위 민생이 강조되고 있다. 그리고 중화의 가치를 재발견하려는 노력으로 보인다. 장쩌민(江澤民), 후진타오 등 중국 최고 지도부는 중국적 특색을 지닌 사회주의의 가치를 화(和)에서 찾고 있다. 조화세계, 화평발전 등 줄기차게 제시되는 중국의 노선은 기실 모두 유가에 그 뿌리를 두고 있다. 한편으로 생각해보면 꼭 정부의 의도적인 정책이 아니었어도 공자의 부활은 막을 수 없는 흐름이었을 것이다.

또 한가지는 명실상부한 세계 강국으로 거듭나기 위해 소프트파워를 키우려는 의도에서 공자의 호출이 읽힌다. 세계 강대국이 되려면 소프트파워가 필수적이다. 국제 사회로부터 인정을 받기 위해서는 군사·정치·경제 등의 하드파워 외에도 문화, 정책, 가치 등의 매력을 통해 국제 사회에 어필해야 하기 때문이다. 이러한 소프트파워의 강화를 위한 좋은 가치가 바로 찬란한 유교 문화일 것이고, 여기에 필연적으로 공자가 거론되는 것이다. 공자학원으로 대표되는 중국어 및 중국 문화 교육 기관이 대표적이다. 이렇듯 중국 정부는 중국어와 중국 문화의 세계화를 외치며 공자를 전면에 내세우고 있다.


## 한국의 논어, 그리고 유교 문화

유교의 맥이 강하게 남아 있는 우리 한국에서도 공자와 논어에 대한 인기는 늘 뜨겁다. 우여곡절을 겪으며 다시 새로운 국면을 맞은 중국과 다르게 우리나라에서는 언제나 공자에 대한 관심이 뜨거웠다. 『논어』 번역은 끊이지 않고 줄기차게 이어지고 다양한 각도에서 논어와 공자 읽기가 시도되고 있다. 10여 년 전 도올 김용옥 선생이 공중파에서 논어 강의를 진행하여 전국적인 논어 열풍을 주도한 바 있다. 그 몇해 전에는 유교의 폐단을 지적하며 격렬한 찬반논쟁을 일으켰던 논쟁적인 책도 있었다.

요컨대 한국에서 공자와 논어에 대한 열기는 늘 있어 왔고, 앞으로도 그러할 것이다. 논어에 관련된 책은 엄청나게 쌓여 있고 계속 출간되고 있다. 중국·대만·일본에서 나온 논어 관련 서적들이 소개되고 있고, 국내 학자 중에서도 많은 역사학자, 철학자, 중문학자 등 다양한 분야의 전문가들이 앞다투어 논어에 관련된 책을 펴내고 있다. 개인적으로 조금 아쉬운 것은 상대적으로 우리의 유교 문화에는 다소 좀 소홀한 것이 아닌가 하는 점이다.

이쯤에서 눈길을 끄는 건 최근 안동과 영주지역에서 유교박물관을 건립하여 한국의 유교 문화를 종합적이고 체계적으로 소개하고 있다는 소식이다. 유교는 물론 중국만의 문화가 아니다. 우리의 전통문화에서도 유교는 중요한 위치를 차지하고 있고, 나아가 한국학에서도 마찬가지다. 보다 많은 사람들이 우리의 전통문화와 학문에 대해 관심을 갖고 소중하게 여겼으면 하는 생각이 든다.


## 유교는 종교인가

주지하듯 세계 4대 성인은 예수, 석가모니, 마호메트, 공자다. 공자를 제외한 나머지 3인은 모두 종교의 비조다. 그렇다면 여기서 자연스레 드는 질문 하나, 유교는 종교일까? 아닐까? 이 또한 오래된 주제 중 하나다. 이에 답하기 전에 먼저 종교에 대한 정의부터 살펴보자. 한국 위키백과에 따르면, "종교란 특정한 믿음을 공유하는 이들로 이루어진 신앙공동체와 그들이 가진 신앙체계를 가리킨다"라고 되어 있다. 이는 종교에 대한 다소 좁은 정의이다. 종교라는 용어는 본래 "근본이 되는 가르침"을 의미하는 불교 용어였다. 그것이 일본에서 서양의 Religion의 번역어로 쓰이게 된 것이다. 서구 Religion의 어원은 라틴어의 Religo로, 초자연적인 존재에 대한 외경의 감정과 그것을 표현하는 모든 의례 행위를 의미한다. 그렇게 본다면 토테미즘, 샤머니즘 같은 원시종교도 이 범주 안에 들 수 있다. 즉 비제도적 초기적 신앙 형태에서부터 제도적인 세계 종교까지 넓은 범주를 갖는다.

유교가 종교인가 아닌가에 대한 대답은 그러므로 유교를 이해하는 시각에 따라 달라질 수 있고, 또한 종교의 개념 혹은 범주를 어떻게 인식하느냐에 따라 달라질 수 있는 것이다. 만약 근본이 되는 큰 가르침이라는 광의의 개념으로 볼 때, 유교는 얼마든지 종교의 범위에 들어갈 수 있을 것이다. 유교는 일정한 도덕적 규범을 가지고 있고, 또한 이념화되어 있기 때문이며, 우리네 삶에 직접적인 영향을 미치고 있기 때문이다. 하지만 협의의 개념으로 유교를 재단한다면, 종교로 보기 어려울 것이다. 가령 신앙적 가치, 혹은 내세, 후세의 개념을 적용할 수 없기 때문이다.

## 논어 해석의 자유

주지하듯 과거 조선시대에 『논어』는 지식인들의 필독서였다. 가령 과거를 보고 벼슬을 하려면 반드시 『논어』를 익혀야 했고, 또 달달 외울 정도가 되어야 했다. 비유컨대 당시의 『논어』는 지금으로 치면 일종의 수험서 같은 역할을 했을 것이다. 자, 앞서 논어에 대한 다양한 주석, 해설서를 언급했는데, 그렇다면 당시 조선의 선비들이 접한 논어는 그중에서 어떤 『논어』였을까. 그에 대한 답은 바로 주희가 주석을 단 『논어집주』였다. 다시 말해 조선의 선비들은 대개 주희가 해석한 『논어집주』를 통해 공자와 『논어』를 만났던 것이다.

주희는 물론 당대의 일급 유학자, 지식인이었지만, 공자의 사상을 주자학이라는 자신의 사유 안에 너무 옭아매어 가둔 면이 적지 않다. 예를 들면 그는 지나친 엄숙주의를 고수했다. 또한 공자를 가까이 하기 힘든 사람, 소위 성인의 반열에 올려놓아서 소탈하고 친근한, 때로는 유머러스한 인간 공자의 매력을 크게 감소시켰다.

『논어』 전반을 통해 느껴지듯이, 사실 2500년 전 춘추전국시기를 살았던 맨얼굴의 공자는 그리 엄숙하거나 학문과 형식에 얽매인 고리타분하고 딱딱한 인물이 아니었다. 공자는 현실적이고 유연한 인물이었고, 창의적이고 도전정신 또한 강한 사람이었다. 사람을 대할 때는 부드럽고 온화했으며, 여유로운 사람이었고 따뜻한 인간미, 유머도 있었다. 또한 음악, 활쏘기 등 여러 가지에 능통한 팔방미인이기도 했다. 그런 공자를 따르는 제자들 역시 생기 있고 긍정적인 에너지가 넘치는 인물이 많았다. 그리하여 만약 우리가 선입견을 걷고 있는 그대로의 『논어』를 읽을 수 있다면, 맨얼굴의 공자와 마주할 수 있다면, 읽을수록 공자의 매력을 느낄 수 있는 것이다.

공자에 대한 고정적 이미지, 선입견이나 오해는 거의가 후대의 주석, 특히 주희의 주석에 집착한 유학자들, 그리고 그를 성인으로 떠받들기 급급했던 경직된 위정자들이 만들어낸 것이다. 따라서 우리는 좀 더 유연한 시각으로, 보다 자유롭고 창의적으로 공자와 『논어』를 읽을 필요가 있다.

### 🪭 공자와 「논어」 관련 읽어볼 만한 책

○ 시라카와 시즈카 저, 장원철 역, 한길사, 『사람의 마음을 움직여 세상을 바꾸리라』

○ 오규 소라이 저, 임옥균 역, 소명출판, 『논어징』

○ 피에르 도딘 저, 김경애 역, 한길사, 『공자』

○ 김용옥 저, 통나무, 『도올논어』

○ 류종목 저, 문학과지성사, 『논어의 문법적 이해』

○ 요시카와 고지로 저, 조영렬 역, 뿌리와이파리, 『공자와 논어』

○ 왕건문 저, 이재훈외 역, 글항아리, 『공자, 최후의 20년』

○ 이수태 저, 바오출판사, 『논어의 발견』

# 2. 동양 역사학의 영원한 전범

―『사기(史記)』 읽기

## 『사기』와의 인연

『사기』를 처음 접한 게 언제였는지 돌이켜 생각해보았다. 아마도 중·고등학교 시절이었을 것이다. 내 또래의 한국인 대부분이 그랬을 것이다. 교과서에 실린 몇 줄의 설명, 예컨대『사기』는 중국 최초의 기전체 사서,라는 식으로 암기했던 기억이 난다. 그러다가 열전의 얼마라도 읽기 시작한 것은 아마 대학에 입학하고 나서였을 것이다. 그때는 의식적으로『사기』라는 책이 어떤 책인가 하는 궁금증도 얼마간 있었던 것도 같다. 「사기열전」에 대한 번역본은 종종 있었으니까. 대학 고학년에 이르러서는 원문도 조금씩 접하기 시작했다. 그러나 그때의 나는 사기에 대해 제대로 안다고 할 수 있는 단계는 아니었다.

학문의 대상으로 조금 더 본격적으로『사기』를 대하기 시작한 것은 아무래도 대학원 이후의 일이다. 역대문선, 고대산문 등의 수업과 선후배들과 꾸린 사기 스터디를 통해, 그리고 고문시험 등 각종 시험에 대비하기 위해서도 나름『사기』를 열심히 읽었던 기억이 난다. 아닌 게 아니라 여러 시험에『사기』원문을 해석하는 문제가 종종 나왔다. 자신있게 답을 썼는지에 대해서는 글쎄 기억이 잘 나지 않는다.

석사를 마치고 중국으로 유학을 떠나 박사과정에 입학했다. 고전 중국어가 전공이었던 나는 지도교수님과의 상의 끝에 『사기』의 언어를 연구대상으로 정했다. 그로부터 3년 여간 『사기』를 붙들고 늘어지는 생활을 계속했다. 중국 상해 푸단대 도서관에 앉아 다소 무식하게 『사기』를 읽어나갔다. 중화서국에서 나온 10권짜리 『사기』였다. 열전과 본기, 세가, 표 순으로 차례차례 읽고 또 읽었다. 한국에 나온 사기 번역본을 모두 구해서 대조해가는 작업도 병행했다. 자, 『사기』 전체의 내용이 슬슬 들어오면서 사마천의 모습도 보이기 시작했다. 시간이 지나자 사마천이 왜 여기서 이런 말들을 했을까, 이때는 어떤 심정이었을까 하는 궁금증이 꼬리에 꼬리를 물었고 나름대로 그 이유를 가늠해보기도 했다. 상황이 그렇게 되자 '나는 무슨 인연으로 2000년 전의 인물과 마주 하는가' 하는 생각도 때때로 들기 시작했다. 사기를 읽다가 불현듯 "사마천, 당신은 누구십니까"를 중얼거린 적도 많았다. 한편 한국에 다녀오는 후배에게 부탁해서 국내에서 나온 사마천과 『사기』에 관련된 여러 저서와 논문을 구해 다른 이들의 생각을 가늠해보기도 했다.

그렇게 3년이 흘렀고 논문을 완성해 마침내 졸업을 했다. 귀국해서도 한동안 『사기』에 관한 이런저런 글들을 썼던 것 같다. 시간이 흐르면서 『사기』와 조금씩 멀어지기도 했는데 이런저런 일에 바쁘기도 했고 관심사가 좀 더 넓어진 이유도 있었다. 하지만 언제 어떤 형식으로든 『사기』에 관해 좀 더 이야기해보고 싶다는 마음은 늘 가지고 있었다. 한국에서도 『사기』에 대한 관심은 늘 있어왔고, 최근 들어 고전읽기의 열기에 따라, 혹은 논술 등에 도움이 된다는 이유로 더 많은 관심을 받는 것 같다. 다양한 번역본이 나오고 『사기』에 관한 다양한 책이

출간되었다. 틈틈이 그런 책들을 찾아 읽었다.

사기에 대한 나의 이야기를 하고자 마음먹고 나서 가장 많이 생각했던 점은 고전이라는 이름에 짓눌리지 않으면서 사기에 대해 쉽고 재밌게 풀어보자는 것이었다. 지금 현재의 시각으로, 사마천의 생각을 가늠해보면서.

## 『사기』 개요

『사기』는 고대의 전설적인 인물인 황제에서부터 사마천 동시대의 황제 한무제까지의 역사, 다시 말해 대략 3000년간의 역사를 기록한 역사서다. 본기 12편, 세가 30편, 서 8편, 표 10편, 열전 70편으로 구성되어 있다. 먼저 간단히 그 체제와 내용을 살펴보자.

「본기」는 제왕에 해당하는 인물을 기록한 것이다. 「세가」는 제왕은 아니지만 그들 못지않게 영향력을 지닌 중요 인물들에 대한 기록이다. 「서」는 역사상 중요한 문제들에 대한 다양한 서술이며 「표」는 사건들을 순서에 맞게 정리한 것이다. 「열전」은 개성 있고 다양한 인물들에 대한 기록이다. 『사기』의 이러한 체제는 기전체로 불리는데 이후 모든 역사서의 모범이 되었다.

『사기』는 사마천의 개성적인 역사서술로 인해 완성한 직후에는 공식적으로 인정받지 못했다. 하지만 곧 그 가치는 인정되었고 중국 고대사에 대한 가장 중요하고 표준적인 역사서로 공인되었다. 『사기』는 한 왕조에 대한 비판적인 시각을 일부 담고 있었다. 하지만 매우 합리적이고 과학적으로 중국 대륙의 긴 역사를 서술했다. 사상적으로는 국가 공식 이념인 유교에 바탕을 두고 있었지만, 한쪽에 치우치지 않고 다양한 사상을 참고했으며 합리적이고 융통성 있는 현실인식에 기반을 두고 있었다. 따라서 『사기』의 역사 서술은 매우 설득력 있게 국가적 통합의 근거를 제시했다고 할 수 있다. 다시 말해 아득한 황제부터 사마천이 살았던 당대의 황제 한무제에 이르는 긴 역사를 일관된 맥락에서 바라보고 과학적으로 서술했다는 점은 중국의 대통합에 전력을 기울이던 한왕조의 정치적·문화적 명분과 잘 일치했다고 볼 수 있다.

『사기』는 역사서로는 물론 문학사적으로도 막대한 영향을 끼쳤다. 그 이유는 『사기』가 인물을 묘사할 때 생동감 넘치는 서술과 박진감 있게 사건을 서술했다는 데에 있다. 저술의 동기가 엄격하고 객관적인 사실 서술에 그치는 것이 아니라 자신의 가치관을 짙게 녹여내고 역사에 대한 반성과 비판까지를 담고 있기 때문이었다. 본기, 세가, 열전 등에 그러한 특징이 잘 나타나 있고 특히 인물 묘사와 사건 기록이 생생하고 흥미진진하게 펼쳐진 열전이 더욱 그러하다. 극적인 성격 묘사와 생동감이 넘쳐난다.


## 천재의 당도

사마천과 『사기』에 대한 찬사는 수없이 많다. 특히 많은 사람들이 사마천이 보여주는 불굴의 의지를 많이 얘기한다. 궁형이라는 씻을 수 없는 커다란 고통을 참고 마침내 걸작을 완성하는 사마천의 모습은 그대로 하나의 압도적인 이미지다. 하지만 한편 생각해 보면 2000년 이래 너무 일방적인 찬사가 계속 덧입혀져 그대로 전설이 되고 신화가 된 듯한 느낌도 든다. 그럴수록 우리는 사마천과 『사기』에 다가가기가 어려워진다. 바꿔 말하면 어떤 고정화된 이미지가 이미 있어 읽기도 전에 높은 벽을 느끼게 된다고 할까.

자, 『사기』는 지금으로부터 자그마치 약 2100년 전에 만들어진 책이다. 말이 2000년이지 가늠이나 되는가. 길어야 100년을 사는 우리로서는 그 긴 시간 앞에 그저 망연해질 뿐이다. 먼저 분명한 한가지를 짚고 가자. 개인적으로 나는 사마천은 희대의 천재라고 생각한다. 근거를 대라면? 간단하다. 『사기』라는 전대미문의 역사서를 한 개인이 완성했다는 것, 그것은 아무리 생각해도 일반적인 의지, 혹은 잔잔한 재주만으로 이룰 수 없는 경지다. 물론 『사기』는 천재의 뛰어난 능력으로만 이룬 것도 아니다. 타고난 천재와 부단한 노력, 그리고 강렬한 의지가 결합되어 완성된 작품인 것이다. 사마천은 젊은 시절 직접 중국의 여러 지역을 답사했고 또한 방대한 자료를 수집하였다. 그리고 세밀하게 그것을 분석, 정리하였고 자신만의 기준을 세우고 예리한 안목으로 이치를 밝혔다. 오랜 시간을 거쳐 마침내 거대한 역사의 수레바퀴 위에서 인간과 세계, 역사의 인과관계를 깊이 있게 기술하였던 것이다.

물론 『사기』 역시 완벽한 책이 아니다. 오늘날의 관점에서 보면 여러 가지 한계를 지니고 있다. 하지만 핵심은 그게 아니다. 재차 말하지만, 『사기』라는 책은 지금으로부터 무려 2000여 년 전, 한 개인에 의해 저술되었다는 점이다. 바로 여기서 출발해야 한다. 일반의 범인들이 따라갈 수 없는 천재의 출현, 먼저 그것을 인정해야 보다 편하게 『사기』에 접근할 수 있는 것이다.

사마천의 아버지 사마담은 역사서 저술을 당부하며 아들에게 이렇게 말했다. 주공(周公)이 있은 후 500년 만에 공자가 나타났고 다시 공자 이후 500년이 흘렀으니 이제 또다시 누군가 나타날 때라고. 그렇다. 그가 바로 사마천, 그 천재가 마침내 당도한 것이다.

# 『사기』는 쉽고 재밌는 책이 아니다

『사기』가 동아시아의 고전이며 훌륭한 역사서라는 것은 누구나 아는 얘기다. 하여 역대로 수많은 찬사가 이어졌다. 본토 중국은 물론 우리나라에서도 소위 학문을 한다는 이들에게는 예로부터 『사기』는 필독서였다. 그리고 오늘날에도 『사기』는 계속 읽히는 인류의 고전이다. 그래서 읽을 가치가 많다고 말한다. 여기까지는 누구나 아는 얘기고 이견이 없다.

그런데 많은 이들이 『사기』가 아주 재미있다는 말을 한다. 그냥 재미있는 것이 아니라 너무 너무 재미있다는 표현을 서슴지 않는다. 이처럼 그들은 하나같이 『사기』에 대해 입이 마르도록 칭찬하는데, 그런 말을 하는 이들, 알고 보면 대개 『사기』를 전문적으로 연구하는 사람들이다. 특히 열전을 두고 하는 말이 많은데, 예컨대 그것이 어느 문학작품 못지않게 흥미롭고 드라마틱하다고 한다. 난 이 말이 웃기는 코미디라고 생각한다. 물론 자기의 연구 분야이니 애정을 갖는 건 충분히 이해할 수 있다. 또 한 작품을 깊이 파다보면 커다란 희열과 재미를 느낄 수 있다는 것도 인정한다. 그런데 문제는 내가 재밌는 거하고 남이 재밌는 거하고는 전혀 별개의 상황이라는 점이다. 내가 재밌으니 남도 재밌을 거라고 생각하는 건 웃기는 얘기지 않은가.

결론적으로 말해 『사기』는 결코 쉽게, 혹은 재밌게 다가가기 힘든 책이다. 가령 열전의 경우, 한두 편은 재밌게 읽을 수 있겠지만, 대부분 곧 책을 덮기 일쑤다. 그리하여 비유컨대 『사기』를 읽는 것은 큰 맘 먹고 많은 시간과 노력을 투자해야 가능한, 멀고 힘든 장거리 경주다. 왜 그럴까. 우선 『사기』는 '역사책'이라는 것을 다시 한 번 인지해야 한다. 그것도 3000년을 관통하는 통사다. 따라서 각 시대에 대한 이해가 전제되지 않는다면 어렵고 지루한 느낌의 반복이 될 수밖에 없다. 게다가 각각의 서술은 유기적으로 연계되어 있고 복잡하게 얽혀 있다. 그뿐인가.『사기』가 그리는 공간은 우리나라가 아닌 고대의 중국이다. 인물은 낯설고 공간은 더더욱 그렇다. 어렵고 복잡하게 느껴지는 것은 당연한 귀결이다. 요컨대 왠만한 인내력이 없으면『사기』를 계속해서 읽어나가기가 어렵다.

그뿐인가. 소위 최첨단의 과학시대를 사는 현재의 우리는 속도에 극히 민감하고 즉각적인 반응을 추구한다. 화려한 영상과 빠른 스피드로 무장한, 수많은 오락거리가 즐비한 오늘날 2000년 전의 중국 역사서가 과연 얼마나 다가올 것인가. 그것이 무지하게 재밌으니 읽어보라고 권하는 것은 과연 얼마만큼의 설득력을 지닐 것인가. 자, 그런데도 무턱대고『사기』가 재밌다고 할 수 있겠는가. 계속해서 코미디를 하고 싶은 건가, 아니면 자신만의 편협한 생각을 드러내고 싶은 것인가.

하지만 그럼에도 우리는 여전히 고전을 이야기하고 고전의 가치를 인정한다. 그리고 고전을 읽는 이유는 많다.『사기』도 딱 그 선상에서 이야기해야 한다.『사기』가 남다르니 어쩌니, 그러니 꼭 읽어봐라,라는 식의 말은 그러므로 공허하고 또 공허한 말이다. 그러니 나는 이렇게 고쳐서 이야기 하고 싶다.『사기』는 분명 어렵고 복잡한 역사서다. 하지만 그 안에는 수많은 지혜와 교훈이 담겨 있다. 한번쯤 큰 마음먹고 시간과 노력을 투자해서 읽어볼 가치가 있는 고전이다,라고 말이다.

## 『사기』, 숫자의 비밀

사마천의 집안은 대대로 사관을 했다. 아버지 사마담도 그러했다. 고대 중국의 사관은 국가의 역사를 기록하는 것으로 그 임무와 능력이 그치지 않았고 천문, 지리, 역에도 밝았다. 다시 말해 단순히 역사적 사실만을 기록하고 마는 것이 아니었다. 그들은 종묘제사를 관할했고 천문을 관측하여 달력을 만들기도 했으며, 점을 쳐서 길일과 흉일을 고르기도 했다. 알다시피 고대 궁중에서는 국가의 중대사를 두고 점을 쳐서 결정했다. 사기의 편제를 살펴보면 재밌는 사실이 발견되는데, 천문, 지리를 중시하는 고대 사관의 특징이 엿보인다.

가령 『사기』의 체제가 본기·세가·표·서·열전의 5부로 나누어 구성되어 있는데 이는 오행설과 관련이 있어 보인다. 본기를 열두 달, 혹은 십이지에 맞게 12권으로 나눈 것 같고, 10권의 표는 십간과 연관이 있어 보인다. 또한 서에서 천문과 역법의 원리를 체계적으로 서술하고 있는 점 등도 사마천이 천문, 지리, 역법을 고려한 것으로 볼 수 있는 것이다.

이러한 점으로 미루어보아 사마천은 천문과 역법, 즉 우주의 운행원리를 기틀로 삼아 인간의 이야기, 좀 더 구체적으로 하늘의 질서와 사람의 질서 사이에 만들어지는 관계의 본질을 규명하려고 한 것 같다. 다시 말해 천문과 역법을 통해 지상의 공간과 시간, 그리고 그 속에 있는 인간의 존재양식을 해석하고 올바르게 바로잡으려는 의도를 가지고 있었다고 볼 수 있을 것이다.

# 어디서부터 어디까지를 쓸 것인가

사마천은 『사기』를 기획하며 당연히 어디서부터 시작하고 또 어디까지를, 또 어떤 내용을 얼마만큼 적을 것인가를 고민했을 것이다. 단대사일 경우엔 별로 문제가 되지 않겠지만, 사기는 중국 역사의 시작부터 그가 살던 당대, 즉 전한 중엽까지의 전중국사, 나아가 이웃 나라의 역사까지를 기록한, 말하자면 그가 파악하고 있는 세계사를 기록하고자 했던 책이다. 자, 여기서 사마천의 고민은 시작되었다. 물론 참고할 만한 전례가 없진 않았다. 예컨대 전대의 문헌 『상서』와 같은 경우는 출발을 요임금부터를 기록하고 있다. 사마천도 『상서』를 따라 요임금을 시작으로 잡을 수도 있었다. 더구나 『상서』라면 유가의 경전으로 받들어지던 경서가 아니던가.

그러나 사마천은 요 이전의 황제에 대해 듣고 있었다. 또한 유가문헌이 아닌 다른 여러 제자백가서에 황제에 대한 기록도 있었다. 도가의 영향도 있었다. 당시에 유행했던 황로사상이 바로 황제에 그 기원을 두고 있었다. 자, 이렇게 하여 사마천은 사기의 기술을 요임금 이전인 인물들로 앞당겨 오제본기를 썼다. 이러한 과정에 대해 사마천은 「오제본기」의 태사공왈에서 다음과 같이 진지하게 말하고 있다.

태사공은 말한다. 배우는 자들 가운데 많은 이가 오제를 기려 높인 지 이미 오래다. 그러나 상서는 요임금 이후의 일만을 기록하고 있다. 기타 여러 사람이 황제에 대해 기록하고 있지만 그 문장은 전아하지도 이치에 맞지도 않다. 그래서 고위고관에 있는 자나 지식인들은 그것을 입에 올리기를 꺼린다. 공자가 전한 「재여문오제(宰予問五帝)」 및 「제계성(帝繫姓)」에 대해서는 지금의 유자들 대부분이 정경이 아닌 것으로 여겨 세상에 전하거나 연구하지 않는다. 나는 일찍이 서쪽으로 공동산에 이르렀고 북쪽의 탁록을 지났으며, 동쪽으로는 바다에 다다랐고, 남쪽의 강회에서 배를 탄 적이 있다. 그곳의 장로들은 하나같이 황제, 요, 순의 사적이 남아 있다고 자주 말하는 곳을 가보니 풍속과 교화가 다른 지방과는 매우 달랐다.

요컨대 사마천은 『사기』를 쓸 때, 중국 역사에 출발을 가정하고 그로부터 시작한 것이 결코 아니었다. 그는 현실에서 출발하여 거슬러 올라갈 수 있는 만큼의 역사를 기록하는, 요컨대 매우 실증적인 태도를 보였다. 그리하여 사마천의 입장에서 볼 때 중국의 역사가 염제와 황제의 시기까지는 올라갈 수 있다고 본 것 같다. 앞서 유방의 예에서도 드러나듯, 사마천은 민간에 전하는 구전을 유력한 역사적 증거로 삼았는데, 황제의 존재를 입증하는 사람이 있고 사마천 자신도 황제에 관한 이야기를 들었기 때문에 오제의 첫 번째 인물을 황제로 정하고 있는 것이다.

동시에 사마천의 글쓰기는 중국에 국한되지 않았다. 그가 접했던 당대의 세계로 넓힌 것은 『사기』에서 높은 평가를 받는 부분이다. 북쪽으로는 몽골, 서쪽으로는 지중해, 남쪽으로는 인도, 동쪽으로는 선산까지를 담았다. 즉 「흉노열전」, 「조선열전」, 「대완열전」, 「남월열전」, 「동월열전」, 「서남이열전」 등 북방과 한반도, 나아가 서방의 이민족 국가에 대해 기록했다. 어떤 의미에서는 전 세계적 글쓰기를 시도한 셈이다. 물론 오늘날의 관점에서 그것을 세계사로 볼 수는 없다. 또한 어디까지나 중국을 중심, 주체로 한 역사 기록이었다.

## 『사기』의 사상적 배경에 대하여

사마천이 살았던 한대(漢代)는 알려진 대로 유학이 국가의 정치이념으로 정식 채택된 시대다. 하지만 사마천은 국교로서의 유교에 그리 얽매이지 않았다. 만약 사마천이 철저한 유교 신봉자였다면, 아마도 공자의 가르침을 천명하는 데 주력했을 것이다. 물론 그렇다고 해서 사마천이 유교를 부정하거나 배척한 것은 아니다. 사마천이 당대의 일급 유학자 동중서, 공안국 등에게 유학에 대한 가르침을 받았다는 건 널리 알려진 사실이다.

이 부분에 대해서는 당시의 시대 배경이 우선 설명되면 좋을 듯하다. 우선 사마천의 시대, 즉 전한시기는 유교의 지위가 아직 확고히 자리 잡지 못했던 시기다. 그리고 사마천은 아버지 사마담의 영향으로 황로, 즉 노장사상 역시 중시했다. 그뿐만 아니라 여러 제자백가서도 참고했다. 요컨대『사기』의 사상적 배경은 무척이나 광범위하다.

『사기』가 유교의 틀에 얽매이지 않고 자신의 소신대로 기술한 예로 들 수 있는 대표적인 것이 바로「유협열전」,「화식열전」등이다. 「화식열전」을 보면 확연히 알 수 있듯이, 사마천은 재물, 즉 돈벌이를 결코 부정하지 않았다. 다시 말해 부를 축적한 상인들을 긍정적인 시선으로 인정하고 있다. 이는 전통적인 유교의 입장에서는 있을 수 없는 일이다. 사농공상 아니던가. 가령 유교적 세계관에 입각되어 서술된 반고의 『한서』와 비교해보자. 『한서』의「화식전」에서는 장사꾼들에 대한 부정적 비판이 실려 있음이 좋은 예다. 자, 상인에 이어 협객 이야기는 어떠한가. 통치자의 입장에서는 사회를 어지럽히거나 범죄를 일으키는, 비판받아 마땅한 존재였을 그들을 사마천은 긍정적이고 적극적으로 기술했다. 이런 유교적 틀에 벗어난 사마천의 태도를 철저하게 유교의 입장에서 역사를 서술한 반고의 입장에서는 받아들이기 힘든 일이었을 것이다.

물론 사마천 역시 유교를 중시했던 것은 분명하다. 그는 유교의 경전인 『상서』를 존중했고 『춘추』의 뜻을 잇고자 했다. 하지만 맹목적으로 그것을 따르지 않았다. 경우에 따라서는 유교의 틀에서 과감히 벗어나 자신의 소신대로 붓을 움직였다. 바로 그 점이 오늘날까지 칭송을 받는 이유 중 하나이기도 한 것이다.


## 태사공왈―논찬의 시작

『사기』는 사마천이라는 한 개인에 의해 만들어졌고 개성이 무척이나 강한 역사서이며 동시에 그 자체로 이정표가 된 선구적 저작이다. 그리하여 여러 면에서 특별함과 뛰어남을 인정받고 있는데, 그중 하나가 바로 '논찬(論贊)'이다. 논찬이란 말 그대로 인물과 상황 등에 대한 일종의 시비선악을 판단하여 논평하는 것인데, 사마천의 개성이 뚜렷이 드러나는 부분이고 읽는 이로 하여금 재미와 감동을 느끼게 하는 대목이다. 그렇다면 『사기』 이전에는 이런 서술방식이 없었을까? 아니다. 『국어』나 『좌전』 같은 선대의 역사문헌에도 이런 논평은 있었다. 하지만 그것들은 부분적이고 산발적으로 기록되어 있다. 그에 비해 『사기』는 각 편의 말미에 예외 없이 일정하게 논찬을 실었다. 이런 방식은 『사기』가 최초다. 이후 이 방식은 후대에 전승되었다. 역사서에는 물론 산문·소설 등의 문학 장르에서도 이 방식은 광범위하게 적용되었다.

아마 논찬이 없었다면 『사기』의 기술은 평면적으로 흘러갔을 것이다. '태사공왈'로 시작되는 『사기』 속 논찬은 사마천의 풍부한 감정적

언사를 과감하게 표출함으로써 인물과 사건을 더욱 입체적으로 조망하는 한편 생기를 불어넣는다. 또한 하늘과 인간 사이에 조성되는 수많은 이야기와 그 본질을 밝히려는 사마천의 의지가 그 논찬의 행간에 촘촘히 박혀 있다.

## 우정에 대한 찬양

사마천은 인간의 사귐에 대해 깊은 관심이 있었다. 그리하여 『사기』 전편에 걸쳐 우정에 관해 많은 말을 하고 있다. 사마천의 우정은 오늘날 우리의 인간관계에서 이야기 되는 우정과는 다르다. 사마천의 우정은 시, 공간을 훌쩍 뛰어넘는다. 사마천은 그들을 발굴하여 새롭게 평가를 내려주고 있다. 그들에게 억울함이 있었다면 적극 변호해주고, 뛰어난 점이 있으면 높이 평가한다. 그는 이런 방식으로 고대 2000년의 중국역사를 기록하며 생생히 살려내었다. 이는 사마천 자신에 대한 존재증명이기도 했다. 가령 열전의 첫머리에 놓인 「백이열전」을 예로 들어보자. 사마천은 이렇게 묻고 있다. 이토록 의로운 이들이 왜 굶어죽어야 하는가. 이런 세상에 과연 천도가 있다고 할 수 있는가,라고.

자, 이번엔 이릉에 대한 변호를 보자. 사마천은 특별한 관계도 없는 이릉을 왜 그토록 적극적으로 변호했는가. 그로 인해 그는 국가의 반역죄인을 옹호한 죄로 황제의 노여움을 샀고 결국 궁형이라는 절망적인 형을 받지 않았던가. 모두가 이릉을 비난하는 상황에서 사마천은 어쩌자고 위험을 무릅쓰고 그를 변호했을까. 이에 대해서는 자신의 가치 판단을 솔직하게 표현했다는 점과 곤경에 처한 이를 구하고자 하는 의협정신 두 가지를 말할 수 있겠다. 곤경에 처한 이가 있다면, 우선은 아무엇도 계산하지 않고 그를 구한다는 의협심, 사마천에게 그것은 우정이었다. 이러한 사마천의 우정은 오늘날 우리에게 시사하는 바가 크다. 분명 우정이란 인간이 갖는 빛나는 덕목 중 하나고 오늘날에도 면면이 흐르고 있지만 많은 이들에게 우정이란 이미 얕고 가볍다. 갈수록 개인화·파편화되는 현대 사회에서 친구와 모든 것을 나누는 우정이란 이미 쉽지 않은 일이다. 바로 여기에 깊은 감동이 있는 것이다.

## 본기(本紀)의 탄생

주지하듯 『사기』의 형식은 다섯 갈래로 나뉜다. 그중 첫 번째가 바로 제왕에 대한 이야기를 기록하고 있는 본기다. 사마천은 대립과 갈등 속에서 새로운 왕조가 생겨난다는 것을 잘 파악하고 있었고 그러한 자신의 세계관, 역사관을 자신의 저술 안에 생생하게 드러내기 위해 고심했다. 본기에도 사마천의 그러한 고심의 흔적이 역력하게 남아 있다.

본기는 전설상의 인물들인 「오제본기」에서부터 사마천 당대의 황제였던 무제의 이야기인 「효무본기」까지 12편이 실려 있고, 시대순으로 나열되어 있다. 그 내용을 보면 인물 중심으로 기술되는 경우도 있고, 왕조를 중심으로 기록한 경우도 있다. 가령 하·은·주 삼대에 관해서는 제왕이 아닌 왕조를 중심으로 서술되어 있다. 보다 두드러진 특징은 바로 항우와 무제의 부인인 여후를 본기에 넣고 있다는 점이다. 이들은 제왕이 아닌데 어찌하여 본기에 들어 있는 것일까. 여기에 바로 사마천의 관점이 투영되어 있는 것이다. 다시 말해 그들은 비록 제왕의 신분은 아니었지만, 한 시대를 좌지우지한 중요하고도 문제적인 인물이었기에 본기에 실어놓았던 것이리라. 게다가 상당히 공을 들여 기록해서

가령 「항우본기」는 『사기』 전편에서 가장 뛰어난 부분 중 하나로 손꼽힌다.


## 한서(漢書)라는 라이벌

언제 어디서나 라이벌은 있다. 400년에 이르는 한왕조에서 『사기』와 더불어 인정을 받은 또 하나의 사서가 바로 반고가 쓴 『한서』이다. 역사적으로 『사기』와 『한서』는 계속해서 경쟁하고 때에 따라 상이한 평가를 받아왔다.

개략적으로 정리해보면, 후한에서 당나라 초까지는 『한서』가 정통성을 인정받으며 우세를 점했다. 당대 중기 이후 『사기』가 재평가 되며 주목을 받기 시작했다. 청대에 이르러 고증학이 유행하면서 다시 한 번 『한서』가 주목을 받는 상황이 있었다. 자, 그렇다면 라이벌 『한서』와의 비교를 해보면 『사기』 자체의 특징, 그것에 대한 역대의 평가 등이 좀 더 뚜렷하게 보일 것이다.

『한서』는 단대사(斷代史)이자 그가 살았던 당대를 기록한 당대사였다. 당연히 왕조의 절대성을 드러내면서 그것을 긍정했고, 당대 현실에 대한 기록이었다. 반면 『사기』는 어떤가? 3000년에 대한 통사이면서 역사를 통해 현재를 바라보는 쪽이었다. 역사를 거울로 삼아 현재를 비추어본다는 식이었고 자신의 주관에 따라 잘못된 부분에 대해서는 가차 없는 비판을 가했다.

『사기』와 『한서』는 그 바탕에 깔린 사상에서 우선 차이를 보인다. 가령 『한서』에서는 사마천이 유교를 경시한다고 여겼고 이를 비판했다. 가령 『한서』는 『사기』의 「태사공자서」에서 제자백가를 평한 부분을 두고 사마천을 비난하고 있다. 이로서 알 수 있듯이 『한서』는 철저히 유교에 바탕을 두고 서술된 책이다.

실제로 사마천은 한대의 국교인 유교에 그리 얽매이지 않았다. 이에 비해 반고 부자는 철저히 유교의 이념에 입각하여 산 인물들이다. 『사기』에서 긍정적으로 다룬 「화식열전」과 「유협열전」 등에 대해 『한서』가 비판적인 입장을 띤 것은 그러므로 당연한 일이었다.

이런 차이를 분명 가지고 있지만, 그렇다고 해서 사마천이 유교를 부정하거나 그 반대편에 섰던 것은 물론 아니었다. 사마천 본인 역시 동중서 등의 유학자들에게 가르침을 받은 바 있고 『사기』를 저술함에 있어서 유교 관련 서적을 존중했다. 하지만 『한서』와 같이 맹목적으로 유교를 지지하진 않았다.


## 슬픔이라는 감정

인간이 커다란 슬픔을 당했을 때 일차적으로 좌절하고 절망한다. 인간이 갖는 여러 감정 중 슬픔과 절망 등의 감정이 가장 강렬할 것이다. 털어내려 해도 맘대로 되지 않는다. 그것을 떨쳐내기 위해서는 많은 시간이 필요하다. 경우에 따라서는 시간도 별 효력이 없는 아픔도 있다. 고통은 오래 계속된다. 그 강도가 세면 셀수록 그 역시 비례할 것이다. 사마천이 이릉을 변호하다가 무제의 노여움을 사 궁형을 받게 되었을 때, 그리고 죽음보다 더한 치욕을 당했을 때 그가 느낀 슬픔과 좌절감이 어떠했을까. 이는 우리가 감히 상상할 수 없는 어떤 것이지 않았을까.

나는 논문을 위해 『사기』를 거듭 읽으며 인간 사마천의 슬픔에 대해 계속 생각했다. 그리고 그가 이 위대한 역사서를 완성해가며 조금씩 그

슬픔을 극복해갔을 거라는 생각을 했다. 한 개인이 그토록 방대한 내용을 밀도 있게 담아낸다는 것은 거의 불가능에 가깝다. 그 과정은 멀고도 지난했을 것이고 고통스러웠을 것이다. 하지만 역설적으로 사마천은 그 속에서 모든 것을 잊을 수 있고 자신의 고통과 슬픔을 상쇄하는 기쁨과 회열을 느꼈을 것이다.

## 사기를 재발견해준 지식인

"『사기』는 위대한 역사서다"라고 말하는 것은 너무 싱겁다. 이는 『사기』를 읽었던 읽지 않았던 누구나 다 아는 사실이다. 그런데 『사기』가 세상에 나왔을 때부터 위대한 사서로 추앙을 받은 건 아니었다. 『사기』는 집필과정부터 커다란 난관을 겪으며 완성되었고, 지금의 평가를 받기까지 많은 우여곡절을 거친 작품이다. 사마천 스스로도 후대의 평가를 기다리며 『사기』를 써내려갔다. 실제로 『사기』는 사마천 사후 외손자에 의해 세상에 알려지게 된다. 어쨌든 그의 예상대로 시간이 흐르면서 『사기』는 그 진가를 인정받게 된다.

그중에서도 당대의 대문호 한유의 『사기』 사랑이 인상적이다. 실제로 그가 『사기』에 대한 적극적 평가를 내리고 이후 사기의 위치가 격상되는 모습을 보인다. 그렇다면 한유는 사기의 어떤 면을 긍정한 것일까. 자, 시대상을 살펴볼 필요가 있다. 한대와 위진남북조, 그리고 당나라 초기에 이르기까지 귀족적 문화 일색이었다. 문체는 화려함과 아름다움을 중시하는 화려한 수사와 기교로 치달았다. 이러한 상황 하에서 한유는 『사기』를 재평가하면서 고문운동을 주도했다. 그가 주장한 고문운동의 핵심은 바로 귀족의 시대, 변문의 시대를 뛰어넘어 고문으로 돌아가자는 것이었는데 그 고문의 주요 고전 중 하나가 바로 『사기』였다. 이와 같은 고문운동의 결과로 사기의 지위는 계속 확고해진다.

사마천은 「백이열전」에서 백이, 숙제와 같은 이들을 평가해준 공자에 대해 말한 바 있고, 『사기』를 통해 자신이 그런 역할을 하겠다는 의지를 내비친 바 있다. 다시 몇백 년이 지나 한유와 같은 당대의 대가에 의해 그 가치를 더욱 인정받았다.


## 역사가 사마천의 눈

도대체 '역사란 무엇인가'. 이러한 질문은 사마천은 『사기』를 쓰면서 끊임없이 던졌을 법한 질문이다. 또 어떻게 역사를 기록할 것인가라는 질문도 내내 가슴속에 품고 있었을 것이다. 보다 근본적으로는 하늘과 인간 사이에 만들어지는 수많은 관계의 본질에 대해 규명하고자 했을 것이다.

자, 3000년에 이르는 통사를 기록하기 위해서는 참고할 자료가 가장 큰 문제였을 것이다. 가장 권위 있는 육경(六經)에 기록된 것만 사료로 삼을 것인가. 이에 대해 사마천은 그것이 전부가 아니라고 보았다. 사마천은 분명 공자의 『춘추』를 의식했다. 하지만 육경이 전부가 아니라는 입장을 두므로서 경서와 사서의 차이 또한 존재함을 분명히 하고 있는 것이다. 가령 열전 중 가장 앞에 배치된 「백이열전」을 육경 속에서는 그 기록을 찾을 수 없다. 「백이열전」에는 또한 백이, 숙제에 대한 공자의 말을 기록하고 있다.

그런데 또 재미있는 건 백이와 숙제에 대한 공자의 발언에 대해 사마천이 의문을 제시한다는 점이다. 공자는 그들이 인을 구하다 인을 얻었으니 죽어도 원망할 것이 없을 것이라고 했다. 이에 대해 사마천은 과연 그러했을까를 묻고 있는데, 어째서 그들처럼 의로운 인간이 굶어죽어야 했나, 그것이 과연 천도인가를 묻는다.


## 발분지서(發憤之書), 사기의 강렬한 이미지

많은 사람들이 『사기』를 두고 위대한 역사서라고 칭송한다. 특히 그가 불우한 환경을 딛고 사기를 완성했다는 사실에 더욱 열광한다. 물론 그것은 보통 사람들은 다다르기 힘든 경지다. 나 역시 『사기』를 볼 때마다 사마천의 모습이 떠오른다. 너무나 당연한 이야기겠지만 『사기』는 사마천이라는 한 사람의 사가에 의해 완성된 완전한 작품이기 때문이다.

흔히들 『사기』를 가리켜 발분지서(發憤之書)라고들 한다. '발분', 즉 고통과 슬픔, 분노를 승화시켜 위대한 작품을 완성했다는 것이다. 온갖 역경을 이겨내고 마침내 뛰어난 성과를 내는 것에는 언제나 뜨거운 감동이 있다. 따라서 사기의 뛰어남과 위대함을 설명할 때, 이 발분이라는 말은 잘 들어맞고 그에 걸맞은 감동을 주는 것이다.

생각해보라, 아픈 몸과 주위의 비웃음을 극복하고, 죽기 전 꼭 완성하리라는 강한 신념으로 마침내 사기라는 불세출의 역작을 완성해내는 사마천의 이미지는 감동과 감탄을 넘어 전율을 느끼게 하지 않는가.

## 사마천이 인물을 쓰는 방식―유방과 항우의 예

『삼국지』만큼이나 흥미진진한 『초한지』의 배경이 바로 항우와 유방의 대결이다. 『사기』는 이 두 사람의 대결에 관한 가장 중요한 기록이다. 『사기』의 기록은 솔직한 인간의 역사다. 사마천의 손끝을 통해 우리는 항우와 유방의 진면목을 볼 수 있으며, 난세에 내던져진 고대 영웅들의 치열하고 장중한, 때로는 안타깝고 슬픈 이야기를 가늠해볼 수 있는 것이다.

유방에 관한 기록, 특히 패읍에서의 역사적 향연은 황제를 둘러싸고 행해진 언설로서 일정한 정통성을 부여하고 있다. 이처럼 『사기』는 기본적으로 당시의 역사적 현실을 담았고 이를 통해 후세에 있을지 모르는 조작을 차단했다. 하지만 한편으로는 사마천이 사기를 기록함에 있어 당시의 구술 역사에 어느 정도 기대고 있다는 점은 일정한 한계 역시 갖고 있다고 할 수 있다. 사마천은 유방에 대해 다음과 같이 기록했다.

하왕조의 정치는 충후했지만 그 병폐는 백성이 무례했다. 은왕조는 충후함 대신 공경을 숭상했으나 귀신을 미신했다. 주왕조는 예의를 숭상했지만 이것이 지나치자 백성은 가식적이고 무성의해졌다. 이런 폐단을 바로잡으려면 충후를 근본으로 해야 하지만 진왕조는 오히려 형법을 가혹하게 했으니 이 어찌 잘못이 아니겠는가. 그러므로 한왕조가 흥기해 전대의 폐단을 개혁하여 백성을 피곤하지 않게 한 것은 자연의 법칙에 따른 것이다.

자, 애초에 개인적인 능력이나 집안배경 등에 비추어 봤을 때, 도저히 유방은 항우의 적수가 아니었다. 그런데 결과적으로 유방이 승리했고, 항우는 패배했다. 어떻게 그런 결과가 초래된 걸까. 항우의 시작은 순조로웠다. 그는 용맹함과 막강한 군사력을 바탕으로 단 3년 만에 제후들을 복종시켰다. 자신을 패왕이라 부르게 했던바, 천하가 곧 항우의 수중에 들어올 듯했다. 그러나 항우의 문제는 정치를 몰랐다는 점, 측근들을 믿지 않았다는 점, 무엇보다 대세의 흐름과 민심의 동향을 제대로 읽지 못했다는 점에 있다. 또 그의 치기 어린 마음도 한몫했을 것이다. 오로지 고향 사람들에게 으스대기 위해 관중을 버리고 자신의 고국인 초나라와 가까운 곳에 도읍을 정한 것도 대세를 거스른 결정적 실책이었다. 항우는 자기과시가 심했다.

사마천은 다음과 같이 항우를 평가했다.

> 스스로 공로를 자랑하고 자신의 사사로운 지혜만 앞세움으로 인해, 과거의 행적에서 교훈을 얻지 못한 채 그저 힘만으로 천하를 굴복시키려다 5년 만에 나라를 망치고 스스로의 몸도 망쳤다. 그러면서도 죽는 순간까지 자신이 왜 패했는지 깨닫지 못하고, "하늘이 나를 망하게 한 것이지, 내가 싸움을 잘못해서 그런 것이 아니다"라며 애꿎은 하늘을 원망했다.

유방의 행동은 다소 음험하고 기분 나쁜 측면이 있었지만 끈질겼던 반면, 항우는 통쾌했지만 단순했다. 유방의 카리스마는 위기상황에서도 포기를 몰랐지만, 항우의 카리스마는 결정적인 순간에 맥없이 무너졌다. 항후가 마지막 해하 전투에서 아끼는 애첩 우희(우미인)를 데리고 와서 "우미인이여, 우미인이여, 그대를 어찌할까?"라는 죽음의 이별노래를 부른 것은, 항우의 기질이 궁극적으로는 낭만에 바탕을 두고 있었음을 잘 보여준다. 그러나 리더의 카리스마는 현실이지 낭만이 아니다. 사마천은 몇 번의 전투에서 승리하는 장군이 아니라 큰 전쟁에서 승리하는 리더가 되기 위해서는 항우가 가졌던 단점을 극복해야 한다는 점을 넌지시 제시하고 있다.


## 한무제를 보는 사마천

한무제는 사마천이 살았던 당대의 황제였다. 그리고 그에게 궁형이라는 무자비한 벌을 내린 바로 그 황제였다. 그렇다면 사마천은 그를 어떻게 기록하고 있을까. 상식적으로 생각해보면, 아무리 황제였다고 할지라도 무제에 대한 사마천의 감정이 좋을 리는 없을 것이다. 아닌게 아니라 『사기』곳곳에는 무제에 대한 사마천의 비판이 곳곳에 담겨 있다. 우선 먼저 그러한 예를 들어보자.

일단 무제에 관한 이야기인 「효무본기」는 이상할 정도로 거의 전부를 무제의 봉선의식을 기록한다. 「봉선서」또한 마찬가지다. 물론 그것은 제왕들의 제사의식을 기록하고 있는 부분이기는 하지만, 사마천은 「봉선서」에서 의식에 관한 적절한 내용을 생략한 채 방사들에게 미혹된 무제의 행동을 맹비난하고 있다. 「평준서」역시 그러하다. 또한 「혹리열전」을 보면 가혹한 정치를 펼치는 혹리들이 모두 무제시절의 인물로 채워지고 있다. 즉 무제통치의 잔혹성을 비난하고 있음이다.

하지만 그렇다고 해서 무제를 비판만 한 것은 아니었다. 그가 예능의 길을 널리 열었고 백단(百端)의 학문을 모두 끌어들인 점은 확실히 인정했다. 한무제에 의해 치욕적인 궁형을 당했던 그였지만 제자백가를 두루 받아들인 한무제의 학술 사상정책에 대해서는 격찬을 아끼지 않왔다.

한편으로는 이런 생각도 든다. 한대의 여러 분야에서 천재들이 많이 등장했다. 한무제의 치세는 중국 역사상 가장 빛나는 시대였다. 장건을 서역으로 파견해 동서교역의 통로인 실크로드를 개척했고, 북방의 흉노를 제압해 안정적인 국가 운영의 기틀을 마련했다. 사상과 문화도 활짝 꽃피었다. 중국 최고의 역사서『사기』가 편찬된 것도 한무제 때였다. 자신에게 궁형을 내린 무제에 대한 개인적 원망과 회한과는 별개로 당시의 사기는 어느 정도는 시대적 요청의 소산이었던 것 같다.

혹자는 여전히 이런 의문을 제기할 것이다. 어쨌든『사기』에 드러나는 강렬한 현실 정치 비판은 그에게 중형을 내린 무제에 대한 사마천 개인의 감정이 강하게 드러난 것이 아니냐고. 자, 정리해보면 그것은 일정 정도는 맞는 말이다.


## 사기의 언어

『사기』는 중국어의 역사에서도 매우 중요한 위치를 차지한다. 즉 한대 언어의 면모를 폭넓게 반영하고 있어 한나라 언어를 연구하는 데에 있어 매우 중요한 문헌이다. 또한『사기』는 역사서임에도 불구하고 대화체, 구어체를 보편적으로 사용하고 있다는 점에서 당시의 생동감 있는 언어를 연구하는 데에 많은 도움이 된다.

『사기』언어의 특징을 간단히 정리해보면 다음과 같은 사실을 알 수 있다. 우선『사기』를 전국시기 문헌과 비교해보면, 전국시기의 언어를 계승함과 동시에 새로운 어휘가 많이 등장하였고, 문법에 있어서도 일정한 변화와 발전의 모습을 보여준다.

자, 많은 이들이 칭송하는 대로 『사기』가 위대한 역사서라고 한다면 그 내용이 뛰어나기 때문인데, 그것은 일차적이고 필연적으로 사마천의 필력이 뛰어남을 의미한다. 왜냐하면 알맹이는 결국 글로 드러나기 때문이다. 『사기』의 문장은 물론 다양한 방식으로 채워졌다. 우선 눈에 띄는 것은 『좌전』과 『상서』, 『춘추』와 같은 고전은 물론이고 비문, 책문, 상소문, 조서 등을 인용하거나 전재한 경우도 많다는 점이다. 물론 사마천은 그것을 그대로 인용하는 데 그치지 않았다. 다시 말해 자료를 인용할 경우에도 사마천은 자신의 의지에 따라 난해한 고대문자를 평이한 글자로 바꾸고 문장을 적절히 개변하였다. 이는 사마천 자신의 판단에 따른 것이고 그의 개성이 녹아들어간 것이다.

또한 사마천은 『사기』 곳곳에서 반복의 수법을 즐겨 사용하였다. 즉 언어 반복의 효과를 십분 이용하여 문장을 더욱 생동감 있게 만들고 있다.


## 사기 속의 성어

거대한 편폭으로 수천 년의 역사를 담아낸 사기에는 수많은 성어가 등장한다. 다시 말해 수없이 많은 성어가 사기에서 유래되고 있는 것이다. 우리가 익히 알고 있는 여러 성어가 사기 각 편에서 수시로 등장하는 것을 발견하게 되면 마치 어린 시절 보물찾기를 하는 것처럼 짜릿한 기분을 느끼게 된다. 짧은 몇 마디 말로 다양하고 깊은 뜻을 표현하는 성어는 한자의 매력을 느끼게 한다. 잘 알려진 몇 편의 성어를 살펴보자.

중국 역사상 처음으로 통일이라는 대업을 이룩한 진시황은 중국 역사 속 거인이다. 진시황본기에 등장하는 성어로 이런 것들이 있다.

○ 분서갱유(焚書坑儒): 책을 태우고 유생들을 묻어 죽인다는 뜻이다. 진시황이 자신에 반대하는 학자들의 비판을 막기 위해 의학, 농업, 점복에 대한 것들을 제외한 모든 서적을 불태우고 유생들을 생매장한 것에서 유래된 성어다.

○ 형석양서(衡石量書): 읽어야 할 문서의 무게를 달아 매일 양을 정해 놓는다는 의미의 성어다. 진시황은 신하들이 올린 문서를 저울로 무게를 재서 일정한 양을 정했다고 한다. 그리하여 다 검토하지 못하면 잠을 자지 않았다고 한다. 그만큼 다른 이들을 믿지 못했다는 의미로도 읽히고, 또 한편으로는 우리에게 익히 알려진 진시황의 이미지와는 사뭇 다른 면도 발견되는 듯하다.

○ 지록위마(指鹿爲馬): 역시 유명한 성어로, 사슴을 가리키며 말이라고 한다는 의미다. 즉 윗사람을 농락하여 제 마음대로 권력을 휘두른다는 뜻으로 사용된다. 진시황이 죽은 뒤 막강한 권력을 지닌 환관 조고가 어린 허수아비 황제 앞에서 자신의 권력을 시험해본 것에서 유래된 성어다.

진 제국이 무너진 뒤 천하는 다시 혼란의 시대로 진입한다. 이후 그 유명한 초한쟁패가 시작되는데, 항우와 유방의 이야기는 모두 본기에 실려 있다. 먼저 항우와 관련된 성어를 보자.

○ 사면초가(四面楚歌): 역시 잘 알려진 성어다. 피할 곳 없이 막다른 위

기에 처했음을 뜻하는 말이다. 유방과의 전투에서 패한 항우는 사방에서 초나라 노래가 들려오는 것을 듣고 자신에게 희망이 없음을 깨닫고 비장하게 자결하여 생을 마감한다.

○ 역발산기개세(力拔山氣蓋世): 힘은 산을 뽑고 기운은 세상을 덮는다는 의미로, 강한 힘과 기운을 일컫는 말이다. 「항우본기」에 나오는 말로, 한나라의 군사에 포위되어 마지막을 직감한 항우가 읊었던 시에서 유래된 성어다.

○ 패왕별희(覇王別姬): 초패왕 항우와 그의 애첩 우희의 이별을 담고 있는 성어다. 유방의 공격으로 패색이 짙어지자 우희는 항우 앞에서 자결한다. 사랑하는 이를 비참하게 떠나보내는 항우의 마음은 찢어졌을 것이다. 경극의 제목으로도 널리 알려져 있고, 장국영과 장풍의가 주연한 유명한 영화의 제목이기도 하다.

절대적 열세를 뒤짚고 항우를 물리치고 한나라를 개국하는 유방과 관련된 성어로도 여러 개다.

○ 용안(龍顏): 용안이란 용의 얼굴, 즉 임금의 상, 제왕의 얼굴을 가리킨다. 유방의 얼굴을 지칭한 것에서 비롯된 말이다.

○ 기이망귀(跂而望歸): 발꿈치를 들고 고향으로 돌아가길 희망한다는 의미다. 어떤 것을 간절히 바라는 마음을 비유하는 성어다.

○ 추호무범(秋毫無犯): 추호만큼도 어김이 없다는 뜻으로 군대의 기강이 엄격함을 가리키는 성어다. 유방은 항우에 앞서 진나라를 점령하였지만 군대에 명을 내려 백성에게 조금의 해악도 끼치지 못하게 하였다.

마지막으로 초한지에서 항우, 유방 못지않게 강렬한 인상을 남긴 한신과 관련된 성어를 소개한다.

○ 토사구팽(兎死狗烹): 유명한 성어다. 토끼를 잡으면 사냥개는 쓸모없어져서 결국 삶아 먹히게 된다는 말이다. 유방을 도와 한나라를 세운 일등공신 한신은 결국 유방에 의해 제거되는데, 한신은 자신의 신세를 한탄하며 이 성어를 읊었다. 본래는 사기의 「월왕구천세가」에 나오지만 한신의 이야기로 더욱 유명해졌다.

○ 국사무쌍(國士無雙): 나라에서 둘도 없는 뛰어난 인재를 가리키는 말이다. 소하가 유방에게 자신의 친구인 한신을 천거하며 했던 말이다.

○ 파죽지세(破竹之勢): 대나무가 결에 따라 갈라지듯 감히 대적할 수 없을 만큼 막힘없는 기세, 강렬한 기세를 의미하는 성어다. 빼어난 장수였던 한신의 연전연승을 비유하여 일컫던 말이다.

## 사마천의 유머

고대의 역사서라는 점을 기억하고 사마천의 일생을 참고했을 때, 사기는 얼핏 시종일관 진지하고 엄숙할 것 같다는 생각이 들지만 노! 사실은 그렇지 않다. 사기엔 사마천 스스로의 주관적 생각과 느낌이 생생하게 살아 있는데, 그것이 사기를 생동감 있고 즐겁게 만들어주는 것이다. 예컨대 사마천은 다채로운 일화들을 적시적소에 적절히 배치하여 재미를 높였다.

물론 일화를 광범위하게 인용하는 것은 동시에 그것이 과연 사실인가, 아닌가에 대한 문제가 있었다. 다시 말해 아무리 재미있는 내용이라 할지라도 그것이 사실이 아니라면 역사서에 인용하는 것은 문제가 있을 것이다. 비록 입증할 수 없는 루머나 허구일지라도 인과관계가 성립하고 당시의 분위기와 감정이 생생하게 반영된 경우라면, 이러한 이야기들이 당시의 역사적 진실을 이해하는 데에 분명 도움이 될 것이다. 사마천은 바로 이 점에 주목하고 있다.

「장의열전」을 보자. 장의는 전국시기 뛰어난 웅변가(說客)였다. 사마천은 그의 능력을 생생하게 묘사하기 위해 다음과 같은 일화를 삽입했다.

> 그는 일찍이 초 재상의 빈객으로 연회에 참석한 일이 있었는데, 마침 그때 도난사건이 발생하였다. 초 재상의 문하들은 장의를 의심하여 그를 붙잡아 혹독한 고문을 가했다. 커다란 곤욕 끝에 석방되어 집에 돌아왔을 때 그의 처는 장의를 보고 탄식하였다. "아! 당신이 독서를 하여 유세를 하지 않았다면 어찌 이런 곤욕을 당했겠습니까!" 장의는 처를 보고 말했다. "내 혀를 보라, 아직도 있는가?" "혀는 있습니다. 그럼 되었다."

재밌는 표현이다. 세치 혀만 있다면 살아갈 수 있다는 표현, 사마천은 이와 같은 일화를 통해 언설로 각국을 돌며 부귀영화를 추구하는 당시의 웅변가들의 모습을 효과적으로 부각하고 있고 그들의 생생한 유머를 살려내고 있다.

## 사마천은 어떻게 비판을 하는가

『사기』는 분명 『춘추』를 의식하고 참고했다. 하지만 『춘추』의 포폄(褒貶)이 주로 개인에 국한되었음에 비해, 『사기』에서는 개인뿐 아니라 사건이나 상황, 나아가 시대 전반에 대한 평가도 광범위하게 이루어졌다. 물론 비판의 강도는 경우에 따라 달랐고, 그 방식 역시 직접적인 경우와 간접적인 경우로 나뉘어진다.

예를 들어보자. 「순리열전」과 「혹리열전」의 경우, 전자는 화합과 인정을 존중하며 지방의 통치를 성공적으로 이끈 관료들에 관한 이야기이고, 후자는 이와 반대로 강력한 법치로 때로는 가혹하고 공포스러운 통치를 행한 관료들 이야기다. 『사기』에서 「순리열전」을 채운 인물을 당대인 한나라 사람이 없는 반면, 「혹리열전」은 대부분 당대인물, 즉 한무제시대의 인물을 담고 있는 점이 매우 흥미롭다. 이는 사마천이 무제시대의 정치가 혹리형의 통치임을 드러내고 비판하고 있는 것이다. 또한 그러한 혹리들이 무제의 지지를 받았다는 것을 밝히고 있는데, 이로서 무제통치의 전제적인 잔혹함을 폭로하고 있는 것이다.

## 사마천의 공자 평가

『사기』의 체제상 인물에 대한 판단 및 평가는 필수불가결이다. 그렇다면 사마천은 공자를 어떻게 평가했을까. 사마천에게도 공자는 물론 거대한 존재였다. 사마천은 공자의 후계자이기도 하니까 말이다. 사마천은 공자라는 인물을 『사기』에 기록함에 있어 당연히 공자가 주창한 역사가의 태도, 소위 춘추필법(春秋筆法)을 유지하고자 했다. 따라서 사실을 있는 그대로 기록해야 했다. 물론 그에 대한 판단은 당연히 사마천의 몫이었다.

사마천은 당연히 공자를 열전에 넣을 수 없었을 것이다. 그렇다고 제왕의 행적을 기록한 본기에 넣을 수도 없었다. 그리하여 사마천은 사가의 판단과 자신의 재량을 십분 발휘하여 공자를 세가에 넣어 봉건제후에 준하는 대우를 한 것이다. 자, 그건 충분히 그럴 수 있다고 치자. 사마천이 공자를 중시하고 존경한 것은 분명한 사실이지만 그렇다고 무조건 그를 칭송한 것은 아니었다. 가령 「공자세가」를 살펴보면, 어린 시절 공자가 아버지의 묘소가 어디 있는지 몰랐다고 적고 있다. 사실여부가 어땠는지도 궁금하지만 유가의 비조인 공자가 아버지의 묘소를 몰랐다는 기술은 조금 의아하기도 하다. 또한 「백이열전」을 보면 공자의 백이, 숙제 평가에 대해 의문을 제기하기도 한다.

혹자는 사마천이 공자를 보는 시각에는 비판(혹은 멸시)과 존경이 공존한다고 말한다. 글쎄, 과연 그러한 해석이 얼마나 설득력이 있는지는 모르겠다. 그보다는 사마천은 성인이라는 무게에 짓눌리지 않고 공자를 객관적으로 바라보고자 노력했던 것이 아닐까 하는 생각이 든다.


## 진시황제를 상상하다

처음으로 중국 대륙을 통일하고 자신을 황제라 칭했던 인물, 중국의 상징인 만리장성을 쌓고 불로장생을 꿈꾼 절대 권력자 진시황에 대한 인상은 참으로 강렬하다. 그렇다면 우리는 진시황에 대해 제대로 알고 있는 것일까. 그에 대해 갖는 최초의 이미지는 누구에 의해 만들어진 것일까. 여기서 우리는 또 한 번 『사기』에 집중할 필요가 있다. 공자에 대한 평가와 마찬가지로 진시황의 그것 역시도 『사기』가 그 출발점이다.

『사기』는 진시황을 폭군, 무자비한 지배, 출생의 비화 등을 중심으로 기술했다. 따라서 후대에 진시황에 대해 갖는 이미지는 상당부분 『사기』를 근거로 하고 있다. 사마천은 한대 사람이다. 한나라의 정통성을 강조하기 위해서는 바로 전대인 진왕조를 일정부분 부정할 수밖에 없었을 것이다. 게다가 유교의 경전을 모두 불살라버리는 분서갱유를 감행하지 않았던가. 이런 연유로 진시황은 유학자들에게는 강한 부정의 대상일 수밖에 없었다. 물론 사마천의 입장은 일반적인 유학자들과는 달랐고 객관적이되 자신의 주관과 소신을 뚜렷이 드러냈다. 진시황에 대한 사기의 평가 역시 일방적인 비판이나 부정에 머무르지 않는다. 인정할 건 인정하는 분위기라고 할까. 진시황의 공적에 대해서는 아낌없이 기술한다.

그런데 한 가지 재미있는 점은 사마천이 진나라를 기술함에 있어 「진본기」와 「진시황본기」 2편을 썼다는 것이다. 이는 유일한 경우다. 그것은 한편으로 생각해보면 진의 위상이 어떠한지를 보여주는 증거이기도 하다. 그중 「진시황본기」는 진시황의 공과 과를 기술하면서 진의 통일을 역사적 필연과정이라는 점을 강조하고 있다. 다시 말해 통일 자체를 부정하지는 않았다. 동시에 진시황의 과오를 상세히 기록하며 후대의 귀감이 되도록 했다.


## 『사기』 속의 중화사상

사기열전 중 「조선열전」은 우리 한반도를 다룬 글이다. 앞서도 여러 번 언급했듯이 역사 기술의 범위를 중국을 넘어 확대한 점은 『사기』가 갖는 뛰어남이기도 하다. 그러나 중국이 아닌 우리 입장에서 보면 그 내용에 수긍할 수 없다. 이는 사마천이 중국을 제외한 세계에 어떤 태도로 대하고 있는가를 잘 보여준다. 이른바 화이(華夷)사상에 입각하고 있는데, 나를 제외한 대상은 인정을 하지 않는 태도이다. 그것은 간단히 말해 철저한 중국 중심주의, 즉 중화사상이다.

『사기』는 북방의 유목민족, 나아가 서방의 문명 사회에 관해서도 서술하고 있지만 사마천 자신은 중화사상을 굳건히 지니고 있던 인물이었다. 이는 당시의 정세로 봐서 어쩌면 당연한 것인지도 모른다. 따라서 그가 한족이 아닌 이민족에 대해 낮춰보고 심지어 멸시의 눈으로 본 것은 그리 놀랄 일이 아닌 것이다. 『사기』에 체제에 따르면, 이들 이민족은 모두 자신들의 지도자 아래 독립적인 세력을 유지했음에도 불구하고 열전에 분류되어 있다. 본기나 세가가 아닌 열전에서 다룬다는 것은 사마천의 세계관이 어떠한가를 상징적으로 드러내주는 것이다. 즉 그는 중국의 틀에 벗어나는 대상은 아무리 국왕이라 해도 열전에서 다루고 있다.


## 세가(世家)의 탄생

본기가 제왕에 대한 기록이라면 열전은 개인의 전기다. 그 중간에 세가가 놓여 있다. 세가는 봉건제후의 업적을 적는다. 본기와 열전은 이후 대부분의 사서에도 나타나지만 세가는 그렇지 않다. 그렇다면 사마천은 왜 세가를 독립시켜 다루었을까. 여기서 우리는 사마천이 살았던 한대가 이후의 시대와 다르다는 것을 알아야 한다. 즉 한대 이후 봉건제도가 황제를 중심으로 한 전제정치로 확고히 굳어졌기 때문이다.

바꿔 말하면 한대까지는 제후의 파워가 남아 있었다는 이야기가 된다. 물론 후대에도 제후는 명칭 상으로는 남아 있지만 춘추전국이나 한대의 그것과는 확연히 다르다. 따라서 사기의 세가는 색다른 재미와 특색이 있다.

제후왕들의 이야기는 중국역사에서 중요한 위치를 점한다. 그들은 일인지하 만인지상(一人之下, 萬人之上)의 막강한 권력을 가지고 있었다. 위로는 황제, 즉 천자를 모시고 옆으로는 여러 제후국과 경쟁하며 밑으로는 신하들을 두고 다스리며 한 시대를 이끌어가는 중요한 인물들이었다. 세가는 30편으로 구성되어 있는데 이중 18편이 춘추전국시대의 제후들을 다루고 있고, 12편이 한대의 제후를 기술한다. 사기는 세가 속 인물을 통해 국가의 흥망성쇠를 다루고 있으며 그들이 갖추어야 할 가치관 등을 역설하고 있다. 그중 어떤 제후들은 천하의 패자를 꿈꾸었고, 어떤 이들은 강대국의 틈바구니에서 어떻게든 살아남으려고 발버둥 쳤다. 사마천은 이들을 통해 역사를 해석하고자 했던 것이다. 그것이 바로 세가가 갖는 의미일 것이다.


## 사기의 문학성

사기는 역사서임에도 불구하고 중국 문학사에서 커다란 의의를 지닌다. 그 이유는 사기가 역사적 사실을 일률적인 방식으로 기술하지 않고 사건에 대한 서사적 묘사와 더불어 인물에 대한 개성적 묘사를 가하고 있기 때문이다. 때문에 사기는 문학성이 풍부하다. 또한 사마천의 저술 동기가 엄격하고 객관적인 역사의 서술 자체에 그치는 것이 아니라 자신의 세계관과 혹독한 현실의 실체를 역사를 통해 밝혀보고자 했음에 있다는 점 또한 사기의 문학성을 높여준다.

다시 말해 사마천의 기술은 자신의 사상과 신념에 입각하여 역사에 대한 반성과 비판까지를 모두 담고 있다. 그러므로 단순한 역사 기록에 그치지 않으며 문학과 사상의 차원으로 확대되고 있는 것이다. 특히 본기, 세가, 열전에 이러한 문학적 성취가 두드러지는데, 사건에 대한 흥미로운 서술과 인물에 대한 생동감 넘치는 묘사가 나타나고 있다. 사기를 빼고 중국 문학을 논할 수 없는 이유가 바로 여기에 있다.


## 오자서의 울분, 사마천의 울분

사마천 스스로의 일생과 그에 대한 세계관이 짙게 투영된 인물 중 하나가 바로 오자서다. 오자서는 중국 역사상 가장 뛰어난 장수 중 한 명으로 관우, 항우 등과 함께 중국인들이 가장 좋아하는 영웅이다. 춘추전국시대, 자신의 조국인 초나라에서 아버지와 형이 억울하게 죽임을 당하자 오자서는 복수를 다짐, 오나라에 가서 오나라를 강대국으로 만들고 마침내 가족의 원수를 갚는다. 사기는 「오자서열전」에서 다음과 같이 말한다. "만약 오자서가 아버지와 함께 죽임을 당했다면 한갓 미물과 무엇이 달랐겠는가. 작은 의리를 드러낸 것에 불과했으리라. 그러나 오자서는 작은 의를 버리고 곧 치욕을 씻어 후세에 이름을 남겼다."

「오자서열전」에 대한 사마천의 이러한 평가에는 치욕을 씻어 이름을 후세에 남기겠다는 자신의 강렬한 열망이 그대로 투영되어 있다. 그래서였을까. 「오자선열전」은 다른 어떤 열전보다 드라마틱하게 기술되어 있다. 오자서에 대한 이야기는 전대의 문헌, 예컨대 『좌전』에도 기록되어 있다. 그러나 『좌전』의 오자서 이야기가 간결하게 그의 행적을 기록한 것에 반해,『사기』에 기술된 오자서 이야기는 비장한 기운을 내뿜는 한편의 대서사시처럼 느껴진다. 사마천은 오자서를 통해 자신의 심정을 이야기하고 있는 것이다.

## 사마천의 질문들

「백이열전」은 70편의 열전 중 맨앞에 위치한다. 많은 인물이 열전에 등장하는데 그 처음과 끝의 순서를 보면 재미있다. 물질에 대한 자세한 언급이 마지막 편인「화식열전」인데 비해「백이열전」은 온전히 정신의 세계에 대해 말하고 있다. 정신과 물질로 사기열전의 처음과 끝을 장식한 것이다.

사마천은 백이와 숙제가 남긴 시를 읽으며 이렇게 말을 한다. "그들이 원망하고 있는 것인가 아닌가를 생각하게 된다." 평소의 행실이 나쁜 인간들이 평생 향락의 삶을 살고 그의 후대까지 잘 먹고 잘사는 경우가 있는가 하면 착한 인간들이 억울하게 피해를 보고 좌절의 구렁텅이에 빠지는 일이 세상에 너무도 많다고 말한다. 그러면서 그것이 무슨 이치인가를 따져 묻는다. 그리고 질문은 계속된다. 왜 그들처럼 의로운 인물들이 굶어 죽어야 했나. 그것이 과연 천도인가.

요컨대「백이열전」은 백이, 숙제의 행적만을 기록한 것에 그치는 게 아니라 세상을 바라보는 사마천의 관점이 잘 드러나 있다고 할 수 있다. 백이열전을 통해 역사를 해석하고 기술하는 작자의 주관이 강하게 드러나는 것이다. 가령 이렇게 생각해볼 수 있다. 백이열전에는 사마천 자신의 고민과 의문이 짙게 투영되어 있는 것 같다. 하늘과 인간의 관계를 규명하고 고금의 변화를 기록하려는 내가 무슨 잘못을 했길래 궁형이라는 극단적인 고통을 겪었는가. 이릉이 그리 큰 죄를 지었는가. 천도라는 것이 과연 무엇인가. 인간은 도대체 어떤 존재인가 등등에 대한 의문들 말이다. 그러다 말미에는 결연한 다짐 같은 것이 보인다. 나는 나만의 길을 걸어가겠다는 다짐 말이다.

## 무협이라는 이름의 매혹

중국엔 '무협'의 전통이 있다. 이것은 오늘날에도 소설, 드라마, 영화 등을 통해 계속 호출된다. 그리고 이 '무협'이라는 단어에는 어딘가 낭만과 매혹이 있다. 그 무협의 연원을 따지고 올라가면 필연적으로 사마천의 『사기』에 닿는다. 『사기』가 없었으면 어쩔 뻔 했는가.

사마천은 「유협열전」에서 유협을 이렇게 설명하고 있다. "그 행동이 반드시 정의에 따르는 것은 아니지만 말은 언제나 진실하며 행위는 결단이 빠르고 약속한 이상은 반드시 실행하며 몸의 안전을 잊고 타인의 구원을 위해 달려가기 때문에 유협이란 생명을 건 위험한 일이다. 그리고 전혀 공을 뽐내지 않고 다른 사람에게 조금도 은혜를 베푸는 듯한 태도를 보이지 않기 때문에 그만큼 이 세상에서 존경을 받아야 하는 존재다."

한대 이후의 유협은 전국시대의 유협과는 다른 양상을 보인다. 시대의 흐름에 따라 낭만적 요소가 퇴화되고 규모도 작아졌다. 폭력집단에 가까운 양상을 보인다. 한대에 이르러 문제와 경제는 이들에 대한 대대적인 숙청을 감행했다.

『사기』에는 유협에 이어 자객에 대한 이야기가 있다. 사실 유협과 자객은 공통점이 많아 거의 동일선상에서 바라볼 수 있다. 다만 행위에 있어 자객의 그것이 일반적 유협과는 다르게 보일 수도 있을 것이다. 「자객열전」에는 조말, 예양, 형가의 행적이 기록되어 있다. 그중 진시황 암살을 시도한 형가의 이야기는 너무도 유명한 이야기이다.

> 바람소리 쓸쓸하고 역수는 차갑구나. 장사가 한 번 가면 다시 오지 못하리라.

다시 못 올 길을 떠나며 부르는 형가의 노래는 절절한 비장미를 품고 있다. 이런 형가의 비장한 이미지는 이후 숱한 무협소설과 무협영화 등에서 줄기차게 차용되고 있다.

## 「화식열전」으로 보는 고대 중국의 자본주의

우리는 사기를 통해 고대 중국 자본주의의 면면에 대해 엿볼 수 있다. 사기는 「화식열전」을 통해 상업의 중요성에 대해 기록하고 있다. 전국시대 위나라 문후의 빈객이었던 단간목(段干木)은 말중개인으로 부를 쌓았다. 당시의 말은 지금으로 치면 자동차에 해당하는 것이다. 이처럼 말들이 대량으로 거래되고 이를 통해 거부가 탄생했다는 사실은 이미 고대 자본주의가 성장하고 있었음을 증명하는 것이다. 사실 최초로 중국을 통일한 진나라는 일찍부터 대상인들의 활약에 많은 것을 기대고 있었다. 가령 여불위(呂不韋) 같은 인물은 하남지역의 거부였다. 그는 자신의 재물을 등에 업고 고위관직에 오를 수 있었다. 한대 무제시기에 이르면 사회가 점차 안정되면서 빈부 격차가 표면에 드러났는데, 사마천은 이것을 당연한 현상으로 여겼다. 사마천은 상인, 부자들을 결코 폄하거나 부정하지 않았다. 이것은 과거 봉건시대에 보편적으로 인식되던 사농공상의 엄격한 신분차별과 다르다.

요컨대 사마천은 「화식열전」을 통해 나라가 부강해지는 것은 정신적인 성장에 앞서 먹고사는 일이 우선 잘 해결되어야 한다는 입장을 강조하고 있다. 즉 잘 먹고 잘살고 싶은 인간의 기본적인 욕망을 자연스러운 것으로 긍정하고 있는 것이다. 「화식열전」에 등장하는 성공한 상인들의 유형은 다양하다. 단간목 같은 중개상을 비롯하여 목축업·대부업·광산업 등 여러 분야에서 성공한 이들을 기록하고 있고 신분에 구애 없이 누구나 노력하면 부를 이룰 수 있음을 보여준다.

그들은 공통적으로 시기를 잘 볼 줄 아는 안목과 때로는 위협을 무릅쓰는 용기가 있는, 남다른 노력을 한 사람들이다. 신용을 칼같이 지켰고 성실을 무기로 삼았다. 「화식열전」 역시 『사기』 전체를 관통하는 사마천의 세계관을 잘 엿볼 수 있는 재밌는 텍스트다.


## 인생은 한편의 코미디―웃기는 사람들

「골계열전」은 오늘날로 치자면 광대, 혹은 배우들에 관한 이야기다. '골계(滑稽)'는 입에서 말이 술술 나오는 것을 의미한다. 「골계열전」에 등장하는 인물들은 대개 궁정에서 주연의 흥을 돋우기 위해 존재한 광대들이라고 할 수 있다. 하지만 그들의 활약은 때로 어떤 고관대작 못지않았고 그리하여 역사에 길이 남게 된 것이다.

순우곤은 제나라 사람으로 외모는 볼품없었고 키도 작았다. 게다가 데릴사위로 뭇사람들의 놀림의 대상이었다. 하지만 그는 기지와 재치가 뛰어났고 누구에게도 지지 않는 빼어난 언변이 있었다. 당시 제나라의 왕은 음주가무, 사치향락에 빠져 정사를 돌보지 않았고 이에 당연히 혼란하고 위태롭게 되었다. 주변 제후국들은 이때를 노려 제나라를 침범했고 나라는 점점 위태로워졌다. 설상가상 초나라가 대군을 이끌고 제나라를 삼키려 공격을 해왔다. 그제야 정신이 든 제나라 왕은 조나라에 지원요청을 하려는 생각을 하고 주위의 신하를 찾았으나 아무도 나서지 않았다. 수소문 끝에 언변에 능하다는 순우곤에게 중책을 맡겼고 순우곤은 그 화려한 말발로 조나라를 설득하는 데 성공하여 제나라를 위험에서 구해냈다.

순우곤의 공적을 치하하는 자리, 제왕은 그에게 물었다. "경은 주량이 얼마나 되는가?"

이에 순우곤은 자신은 한 말을 마셔도 취하고 한 섬을 마셔도 취한다고 답했다. 그러자 위왕은 한 말을 마셔도 취한다며 어찌 한 섬을 마신다고 하느냐고 물었다. 순우곤이 대답했다. "대왕을 모시고 술을 마시면 한두 말이면 곧 취하지요. 그런데 만약 남녀가 함께 앉아 술을 마시고 손을 잡아도 벌하지 않고 아름다운 여인과 눈을 맞춰도 금하지 않으며 앞에는 떨어진 귀고리가 있고 뒤에는 비녀가 떨어져 있는 경우라면 여덟 말을 마셔도 취하지 않습니다. 또한 날이 저물고 술은 얼큰해져 남녀가 함께 즐기다가 신발이 흐트러지고 여주인이 저를 잡아 비단 속옷을 풀어헤치면 이때는 제가 가장 좋아하는 때로 한 섬을 마셔도 취하지 않습니다. 이처럼 술이 극도에 이르면 어지러워지고 즐거움이 극에 치달으면 슬퍼지는 것입니다." 제나라 왕은 순우곤의 말을 듣고 깨달은 바 있어 이후 밤새 술추렴하는 것을 그만두고 연회가 있을 때마다 순우곤을 자신의 옆자리에 앉게 했다.

## 사기 3가주

『사기』에 대한 대표적인 주석으로 소위 『사기』 3가주란 것이 있다. 위진남북조 송나라 배인(裴駰)이 『사기집해(史記集解)』를 썼고, 당나라 때는 사마정(司馬貞)이 『사기색은(史記索隱)』, 장수절(張守節)이 『사기정의(史記正義)』를 썼다. 이들 주석본은 각각 단행본이었는데 송대에 이르러 『사기』를 발행하면서 사기 원문 아래에 이 세 주석을 달았다. 이것이 훗날 『사기』 정본이 되었다. 이것이 이른바 사기 3가주다.

그 밖에 한 가지 더 거론할 것은 명대에 이르러 능치륭(陵稚隆)이 간행한 『사기평림(史記評林)』이다. 이것은 그때까지의 사기 주석에 대한 집대성이라 할 만하고, 이 주석본은 중국 내외로 널리 유포되었다. 근래에는 일본의 학자 다키가와 기타로가 필생의 업적으로 간행한 『사기회주고증(史記會注考證)』을 거론해야 한다.


## 초한쟁패를 다룬 두 편의 영화

『사기』 전편에 수많은 인물이 등장하고 각각의 이야기가 모두 흥미롭지만, 그중 특히 관심을 모으는 인물로 진말한초의 거인들인 진시황, 항우, 유방을 빼놓을 수 없다. 사마천은 진본기와 더불어 진시황본기를 따로 또 기술하였고 항우를 본기에 배치하였다. 앞서도 말했지만 그만큼 비중 있는 인물로 본 것이다.

진시황에 반기를 들고 마침내 천하를 놓고 한판 대결을 펼쳤던 항우와 유방의 이야기는 초한지라는 소설로 연결된다. 사실 초한지라는 소설이 따로 있는 것은 아니다. 청말에 쓰여진 『서한연의』라는 짧은 이야기를 기초로 하고 있으며, 현대의 여러 작가가 거기에 다시 많은 이야기를 덧붙여 『초한지』라는 제목으로 내놓고 있는 것이다. 어쨌든 항우와 유방의 대결은 역대로 수많은 이들에게 회자되고 있고, 그만큼 흥미진진한 내용이라고 할 수 있다. 경극의 소재로 자주 다루어지는 〈패왕별희〉는 마지막을 앞둔 항우와 우희가 이별하는 장면을 묘사한 대목이다.

최근 개봉한 두 편의 초한지 영화를 재미있게 보았다. 하나는 〈초한지-천하대전〉이라는 영화로 항우와 유방의 대결을 정면에서 다루었다. 특히나 초반에 압도적 우세를 접했던 항우와 위기에 몰린 유방의 상황에 변화가 발생하는 결정적 사건인 홍문연에서의 일들을 흥미롭게 다룬 영화다. 유방을 제거하려는 항우의 책사 범증과 위기를 막아내려는 유방의 책사 장량의 치열한 지략전이 압권이었다.

〈초한지-영웅의 부활〉은 항우와 유방, 한신의 내면을 디테일하게 따라가면서 난세를 건너는 영웅들의 흥망성쇠를 드라마틱하게 묘사했다. 특히 항우를 누르고 황제의 자리에 올라 한을 건국한 유방의 불안한 내면과 인생에 대한 회한을 인상적으로 묘사했고, 파란만장한 삶을 살다가 결국 내침을 당한 한신의 비극적 운명은 보는 내내 안타까움을 자아냈다.

영화를 보면서 물론 『사기』를 떠올렸다. 그리고 영화의 내용이 『사기』 속의 묘사와 어떻게 다르고 같은가를 비교하면서 보았는데, 흥미로운 경험이었다. 사기를 읽었다면 한번쯤 관람을 권한다.

### 『사기』와 사마천 관련 읽어볼 만한 책

○ 미야자키 이치사다 저, 이경덕 역, 다른세상, 『자유인 사마천과 사기의 세계』

○ 후지타 가쓰히사 저, 주혜란 역, 이른아침, 『사기를 탄생시킨 사마천의 여행』

○ 천퉁성 저, 장성철 역, 청계, 『사기의 탄생 그 3천년의 역사』

○ 이성규 저, 서울대학교출판부, 『사기 – 중국 고대 사회의 형성』

○ 이인호 저, 천지인, 『이인호 교수의 사기 이야기』

○ 김영수 저, 알마, 『난세에 답하다』

○ 사마천 저, 정범진 역, 까치글방, 『사기열전』

○ 사마천 저, 김원중 역, 민음사, 『사기열전』

# 3. 천년의 베스트셀러

— 『삼국지(三國志)』 읽기

## 삼국지의 시대 배경

유방이 항우를 꺾고 건국한 한나라는 400년을 지속했다. 역사상 처음으로 중국을 통일했던 진시황의 진나라가 불과 15년 만에 무너진 것을 생각하면 한왕조는 그야말로 장수한 왕조였다. 하지만 언제까지 태평성대가 지속될 수는 없는 법, 한나라도 서서히 저물어갔다. 왕조의 후기로 갈수록 외척세력과 흔히 십상시로 대표되는 환관들이 득세하며 황권은 약해졌고 민심은 날로 악화되었다.

우리가 흔히 황건적의 난이라 불리는 대규모 난은 저물어가는 한나라의 정세를 상징적으로 대표한다. 태평도라는 신흥교의 교주인 장각이 주도한 이 난은 혼란한 정세 속에서 급격한 세력 확장을 하였고 관군과 대치하였다. 자, 상황이 이렇게 되자 중앙의 권력은 점차 내외의 실력 있는 무장들에게 옮겨가기 시작했고 황제는 유명무실하게 되었다. 한 건국 400년 만에 천하는 다시 요동치게 되고 혼란스런 정국 속에 새롭게 패권을 잡으려는 인물들이 각자 치열하게 움직이기 시작한다.

자, 이렇게 해서 드디어 삼국지는 시작하게 된 것이다.


## 진수, 역사서 삼국지를 쓰다

오늘날 우리가 읽게 되는 소설『삼국지』는 어떻게 만들어지게 된 것인가. 우리는 흔히 삼국지를 두고 7푼의 사실, 3푼의 허구라는 말을 한다. 그렇다면 7푼의 사실은 어떤 자료를 근거로 하는 것인가. 그 중요한 자료가 바로 역사가 진수가 쓴 정사『삼국지』인 것이다.

저자 진수는 원래 촉나라 사람이었다. 촉나라가 위나라에 멸망을 당한 것은 263년, 그때 그의 나이 31세였다. 이후 위나라는 다시 사마염에 의해 무너지고 서진왕조가 세워진다. 진수는 이때부터 역사문헌을 정리하는 일을 하다가 48세 무렵부터 삼국지를 저술한다. 책이 완성되자 좋은 평가를 받았고 이후『사기』,『한서』,『후한서』와 더불어 중국 전사사(前史四)의 위치에 놓이게 된다. 간결한 필치로 근엄하고 담담하게 기술되어 있다.

자, 진수의『삼국지』는 위나라를 정통으로 보는 관점을 취한다. 즉 위서에만 제기를 취하고 나머지 촉서, 오서에는 열전의 형태를 취하고 있다. 권수 역시 위서 30권, 촉서 15권, 오서 20권으로 위서에 많이 할애하고 있다. 그가 위나라의 뒤를 이은 진나라에서 벼슬을 하고 살았으므로 위나라를 정통으로 삼은 것은 자연스러운 일이었을 것이다. 이 때문에 후에 촉나라를 정통으로 보는 이들에게 많은 비판을 받기도 했다.

# 삼국지 독서기

중문학자로서 강단에 서서 학생들을 가르치는 입장에 있다보니 종종 『삼국지』에 대한 질문을 받는다. 그중에서도 누가 번역한 『삼국지』를 읽는 것이 좋으냐는 질문이 많은데, 글쎄 딱 꼬집어 대답하기가 어렵다. 그저 개인적인 『삼국지』 독서기를 참고삼아 들려주는 편이다.

개인적으로 『삼국지』를 처음 접한 것은 초등학생 시절 고우영의 『만화 삼국지』였던 것 같다. 고우영의 『만화 삼국지』는 어린이를 위한 만화는 결코 아니다. 오히려 고우영 특유의 재기발랄함으로 삼국지의 여러 인물을 맛깔나게 표현했다고 본다. 어쨌든 『삼국지』의 재미를 느끼기엔 충분했던 책으로 기억한다.

중학생 시절에는 고려원에서 나온 정비석의 6권짜리 『삼국지』를 읽으면서 『삼국지』의 재미에 푹 빠졌던 기억이 난다. 속도감 있는 전개, 쉽게 술술 읽히는 문체, 그리고 작가 특유의 개성적 서술은 독자를 빨아들였다.

다음으로는 이문열의 『삼국지』였다. 고등학교 고학년 때 한 번 읽었고, 군대시절에도 한 번 더 읽은 기억이 난다. 그 길고 긴 자율학습 시간이 어떻게 지나가는지도 모르게 재밌게 읽었다. 당시 이문열의 필력은 최고였으니, 많은 이들이 감탄을 하며 읽었을 것이다. 군대 시절엔 좀 더 차분히 한 번 더 읽을 수 있었고 그때쯤엔 『삼국지』 원문과 어떻게 다른가 하는 문제도 좀 알게 되었다.

일본 작가 기타가타 겐조의 『영웅 삼국지』도 재밌게 읽었다. 아, 『삼국지』를 이렇게도 볼 수 있구나 싶게 새로운 느낌이었다.

딱히 누가 번역한 『삼국지』가 좋거나 옳다고 말하고 싶지는 않다. 국내에 번역된 『삼국지』는 이미 수백종에 이르고 있고 대개는 원문에서 크게 벗어나지 않는다. 각자 취향에 맞게 골라서 읽으면 되는 것이고 또 그러다보면 자신만의 『삼국지』 독해 요령이 생겨나게 될 것이다.

## 삼국지와 삼국지연의는 많이 다르다

앞서 진수의 『삼국지』를 간단히 다루었지만, 정사 『삼국지』와 소설 『삼국지』는 다르다. 그 사실은 대다수 많은 이들이 알고 있겠지만, 구체적으로 무엇이 어떻게 다른지에 대해서는 그렇지 못한 경우가 많다.

일단 가장 큰 차이는 누구를 정통으로 보느냐는 문제일 것이다. 간단히 말해 진수의 『삼국지』는 위나라를, 나관중의 『삼국지』는 촉나라를 정통으로 보고 있다. 그렇다면 어떻게 이런 차이가 발생하게 되었을까? 중간에 어떤 우여곡절이 있었나도 생각해보아야 한다.

진수의 『삼국지』와 나관중의 『삼국지』는 대략 1000년 이상의 시차가 있다. 그 긴 시간 동안 『삼국지』의 핵심은 점차 촉한으로 이동하게 된다. 물론 그렇다고 해서 위나라 정통론이 아예 사라진 것은 아니다. 후대에도 여전히 위나라를 정통으로 보는 시각이 엄연히 존재했다. 자, 촉한을 정통으로 보는 시각의 사서는 진수와 그리 멀지 않은 후대인 동진시대에 이미 등장한다. 바로 『한진춘추』라는 책이다. 이 책은 진수의 『삼국지』와는 대조적으로 철저히 촉나라를 편든다. 그 외에도 위진남북조시기 명사들의 일화집인 『세설신어』 같은 책에서도 이런 경향이 보인다. 이후 남송시기 대유학자 주희가 촉을 정통으로 삼으면서 강력한 영향력을 발휘했다. 반면 사마광의 사서 『자치통감』은 여전히 위나라를 정통으로 보았다.

자, 다음으로 소설 『삼국지』가 사서 『삼국지』와 다른 또 다른 차이라면, 당연히 수많은 허구가 가미되었다는 점이다. 가령 사서 『삼국지』에는 유비의 부하로 아주 간단히 언급된 관우가 소설 『삼국지』에 와서는 문무를 겸비한 최고의 영웅으로 묘사되어 『삼국지』를 흥미진진하게 만든 점이 그렇다. 어찌 보면 소설 『삼국지』의 가장 큰 수혜자가 바로 이 관우다. 관우는 소설 『삼국지』를 통해 훗날 중국인들에게 신적인 존재가 되지 않았던가. 다시 말해 진수의 『삼국지』는 사실을 간략히 기록한 사서이고, 나관중의 『삼국지』는 문학성이 풍부한 소설인 것이다. 당연한 얘기지만 말이다.


## 삼국지의 성립과정과 판본

자, 다음으로 삼국지의 성서(成書)과정과 그 판본을 일별해보자. 소설 삼국지의 성립은 크게 두 가지 계통으로 나누어 살펴볼 수 있다. 하나는 역사 계통인데, 진수의 『삼국지』가 물론 가장 기본이 되는 자료이고, 이후 여기에 상세한 주석을 덧붙인 배송지의 주를 빼놓을 수 없다. 이후 북송시기 사마광이 편찬한 『자치통감』 역시 삼국지를 이루는 데 주요한 자료가 된다.

다음으로 삼국지를 구성하는 또 하나의 축은 바로 민중 사이에서 전해 내려온 설화와 희곡이다. 현재 남아 있는 대표적인 자료로 『삼국지평화』를 들 수 있다. 이는 그림을 곁들여 넣은 방식으로 구성되어 있다.

삼국지의 저자, 혹은 편찬자 나관중은 이 두 계통의 자료를 참고하여 뺄 것은 빼고 보탤 것은 더 보태어 문장을 다듬고 정리, 집대성하여 대하소설 『삼국지』를 완성한 것이다. 물론 원명은 『삼국지 통속연의』이다. 이때가 대략 원말 명초인 14세기였다.

현재 나관중이 완성한 삼국지 원본은 전해지지 않고 명나라 가정제 때인 1522년 간행된 가정본이 가장 오래된 판본으로 남아 있다. 원래 이름은 『삼국지통속연의』이며 모두 24권 240절로 구성되어 있다. 이후 이 가정본을 근간으로 문체와 내용들이 조금씩 변형, 보완되어 왔고 많은 속본이 등장했다. 이후 청나라 강희제 때인 1679년 모성산 모종강 부자가 개정한 모종강 본이 등장하였고 이것이 다른 모든 판본을 압도하여 통행본이 되었다. 촉한정통론에 기초하여 작품의 통일성을 높였고 문체를 간결하게 다듬는 한편 중간 중간에 논평을 덧붙였다. 19권 120절로 구성되었다. 오늘날 통행되는 삼국지는 대개 이 모종강본을 기본으로 하고 있다.

## 나관중, 누구인가

우리가 흔히 삼국지의 저자로 알고 있는 나관중, 그는 어떤 인물일까. 그리고 그는 삼국지 성립에 어느 정도까지 관여했을까. 많은 이들이 그가 이전까지의 자료들을 취합, 정리하는 정도의 역할을 했다고 말하지만, 그렇다 해도 그것 또한 엄청난 수고와 내공이 필요한 일이다.

나관중에 대해 자세히 알고 싶지만 안타깝게도 그에 대한 기록은 거의 남아 있지 않다. 그저 원말 명초 시기를 살았던 산서성 태원지역의 불우한 지식인 정도로 이야기되어진다. 여기서 불우한 지식인이란 표현을 눈여겨보아야 할 것인데, 만약 그가 명문가의 지체 높은 이였다면 삼국지와 같은 소설을 매만지지는 않았을 것이다. 반면 그가 만약 글자를 공부하지 않은 이라면 역사 자료나 민간 설화를 그토록 자유롭게 다룰 수는 없었을 것이다. 따라서 미루어 추측건대 공부는 했으되 유복한 집안의 자제는 아니었을 것이고, 벼슬길에도 오르지 못한 지방의 가난한 서생이었을 것이다.

하지만 적어도 나관중은 뛰어난 문학적 재능과 성실함과 뚝심을 겸비한 재인이었던 것은 분명하다. 그 방대한 작업을 완성하는 것은 결코 쉽지 않은 일이었을 것이다. 그리하여 이렇게 후세에 길이 이름을 남기지 않았던가.


## 민중의 스타, 장비

삼국지의 여러 인물 중 서민들에게 가장 친근하고 인기 있는 인물을 꼽으라면 누가 있을까. 길게 생각할 필요 없이 떠오르는 인물이 바로 장비다. 장비는 서민의 영웅이다. 그는 일당백의 무력과 앞뒤 재지 않는 단순 명쾌함으로 시원함을 선사한다. 물론 유비와 촉나라에 대한 의리와 충정 또한 두말하면 잔소리다.

장비의 성격은 유비, 관우와의 비교 속에서 더욱 또렷해진다. 유비는 한나라 황실의 후손으로 리더의 책임을 지고 있는 인물이고, 관우는 문을 겸비한 근엄하고 비장한 분위기를 지닌 반면 장비는 솔직하고 거칠며 정열적인 성격이다. 그런 장비에게는 인간적인 매력이 물씬 풍긴다. 장비의 그런 이미지는 또한 그의 출신과도 연관이 있어 보인다. 유비를 따라나서기 전 그의 직업은 도살업자였다. 따라서 저잣거리의 서민들과 친숙한 인물이다.

그렇다고 해서 장비가 단순무식한 인물은 결코 아니다. 용맹은 물론 지략도 함께 갖춘 당대의 호걸이다. 조조의 대군을 혼자서 막아낸 그 유명한 장판교 싸움을 생각해보라. 장비는 20여기의 기병을 대군으로 위장하여 조조의 공격을 막아냈다.

이처럼 친서민적인 이미지의 장비는 문자화된 소설 삼국지 이전에 특히나 설화나 회곡에서 더욱 생동감 있게 묘사되며 인기를 끌었는데, 청중은 그의 시원시원한 모습에 울고 웃으며 열렬한 박수갈채를 보냈던 것이다.

## 관우는 어떻게 신이 되었을까

중화권에서 관우는 신앙의 대상이다. 무신, 수호신 재물신으로 그때그때 위치를 바꿔가며 중국인들의 절대적인 사랑을 받고 있다. 관우를 신으로 섬기는 곳은 중국뿐이 아니다. 우리나라에서도 관우를 모신 사당이 여러 곳이다. 가령 6호선 동묘가 바로 관우의 사당이라는 것을 아는 사람은 생각보다 많지 않다. 얼마 전 동묘의 관우상이 역사적으로 많은 가치를 지니고 있다는 보도를 본 적이 있는데, 말하자면 중국과 한국의 공동작품이라는 점, 즉 중국적 특색과 한국적 특색이 결합되어 있다는 점에서 그런 것 같다. 동묘뿐 아니라 안동을 비롯, 전국 곳곳에 관우 사당이 있다.

자, 그렇다면 삼국지 속 일개 장수였던 관우가 어떻게 그런 신적인 존재가 될 수 있었을까를 살펴보아야 한다. 일단 삼국지 속 관우의 이미지를 살펴야 한다. 관우는 문무를 겸비한 완벽한 남자의 한 전형으로 묘사된다. 빼어난 무력은 두말할 필요도 없는 것이고, 공자가 편찬한 『춘추』를 숙독하는 문인의 이미지도 함께 갖추고 있는 것이다. 그리고 어떤 상황에서도 변하지 않는 주군에 대한 충정, 죽음 앞에서도 결코 굽히지 않는 꼿꼿한 기개, 9척의 당당한 체격, 미염공이라 불릴 정도

의 길고 아름다운 수염, 대춧빛 얼굴, 청룡언월도, 적토마 등등 관우의
비범한 이미지는 수없이 많다. 관우의 또 다른 강렬한 이미지는 외롭고
비극적인 영웅의 그것이다. 그는 주로 혼자 떨어져 고군분투하는 경우
가 많았고 마지막 또한 그러했다.

손권에 의해 죽게 된 관우는 이후에도 자주 출현한다. 물론 신령의
모습으로 말이다. 이렇게 관우는 사후 신령이 되어 원수들을 차례로 단
죄한다. 이러한 이야기는 물론 나관중 스스로가 창작한 것이 아니라 오
랜 시간 민간전승을 통해 형성된 것이다. 시간이 흐를수록 관우는 점점
신성화되어 마침내 시공을 초월한 신의 위치에 오르게 된다. 관제묘가
세워지며 국가의 공식적인 제사를 받게 되었고, 민간에서도 신으로 받
들어지게 되었다. 그리하여 지금도 중국인이 있는 곳이면 어디서든 신
으로서의 관우를 발견할 수 있는 것이다.


## 조조를 어떻게 볼 것인가

최근 중국에서 조조를 다룬 책들이 연달아 나오면서 많은 화제를 모
으고 있다. 말하자면 일종의 재평가인데, 긍정적인 면을 많이 이야기한
다. 요컨대 리더십이 뛰어나고 여러 면에서 다재다능한 큰 인물로 보고
있는 것이다. 최근에 개봉되어 많은 화제를 낳은 영화 〈삼국지-명장
관우〉와 〈조조-황제의 반란〉 같은 영화 또한 조조를 인간미 넘치는
인물로 묘사하고 있다.

"치세에는 능신이나 난세에는 간웅이다" 후한 말 관상가인 허소가
조조를 보고 한 말인데, 오랫동안 대중이 조조에 대해 갖는 이미지다.
삼국지 속의 조조는 절대적인 악을 상징하는 인물이다. 자, 조조 과연

간웅인가, 아니면 일세의 영웅인가.

조조가 악인의 전형으로 굳혀지게 된 건 주희가 편찬한 『자치통감강목』과 나관중이 편찬한 『삼국지연의』의 영향이 크다. 주희는 대의명분을 앞세워 촉한정통론을 옹호했고 조조를 나라를 찬탈한 악인으로 깎아내렸다. 『삼국지연의』 역시 민간에 전승되어 온 설화와 허구를 더해 조조를 악인으로 묘사했다. 즉 선악을 확실히 구분하여 독자로 하여금 작품에 몰입하도록 한 것이다.


자, 그렇다면 조조는 실제로 어떤 인물이었을까. 정통 역사서인 진수의 『삼국지』에 의하면 조조는 매우 실리적이고 용인술에 뛰어났던 인물이다. 조조는 당시로서는 파격적인 정책을 많이 썼는데, 가령 재능이 있으면 신분과 상관없이 등용하여 중용한 구현령 같은 것이 대표적이다. 조조는 그렇게 발굴한 신하들을 아끼고 후하게 대접함으로써 자신에게 충성하도록 했다. 위나라가 촉, 오나라에 비해 강력한 힘을 가졌던 큰 이유 중 하나가 바로 그런 용인술에 있었다.

조조에 대한 재평가의 움직임은 일찍이 20세기 초 몇몇 유명 지식인에 의해 이미 강하게 제기되었다. 예를 들어 5.4 신문화운동을 주도했던 당대의 지식인 중 하나인 호적은 『신청년』이라는 유명한 잡지에서 조조를 재평가하자고 제안했다. 또한 비슷한 시기의 대학자 장태염 역시 조조를 적극 변호했다. 중국 현대 문학의 거목인 노신 역시 조조가 대단한 사람이며 영웅이라 할 만하다고 평가했다. 그리고 모택동은 비상한 통찰력으로 소의에 연연하지 않고 대의에 진력한 뛰어난 정치가로 높이 평가했다.

## 조조의 시 두 수

삼국지의 여러 인물 중에서 뛰어난 문학적 재능을 지닌 사람을 들라면 단연 조조를 먼저 꼽을 수 있다. 조조는 뛰어난 정치가이자 문학가였다. 세상을 읽을 줄 아는 안목과 인생의 여러 과정을 체험한 경험들은 여러 편의 뛰어난 시로 남아 있다. 그는 아들 조비, 조식과 함께 조씨 3부자로 불리면서 소위 건안칠자(建安七子)에 들어간다. 건안이라는 이름은 한 헌제의 연호이며, 건안칠자란 한말 당시 빼어난 문학가 7인을 지칭하는 말이다.

조조의 시는 대범하고 저속하지 않은, 대가의 느낌이 있다. 먼저 「단가행(短歌行)」이라는 시를 보자

対酒当歌. 人生几何？
술을 마시고 노래 부르나니, 인생이 얼마나 될까?
譬如朝露. 去日苦多
비유하면 아침 이슬 같아, 가버린 세월이 정말로 많구나.
何以解忧. 唯有杜康
응당 강개할지니, 근심스런 생각 잊기 어렵다.
慨当以慷. 忧思难忘
무엇으로 시름을 풀 수 있을까, 오직 술이 있을 뿐이로다.
青青子衿. 悠悠我心
파란 그대 옷깃, 아득하기만 한 나의 마음.
但为君故. 沉吟至今
다만 그대 때문에, 나직이 읊조리며 오늘에 이르렀다.

呦呦鹿鸣, 食野之苹

사슴이 기쁘게 울면서, 들판의 다북쑥을 뜯는다.

我有嘉宾, 鼓瑟吹笙

나에게 반가운 손님이 있기에, 거문고를 타고 생황을 부노라.

明明如月, 何时可掇

달 같이 밝은 덕, 어느 때에나 가지게 될 거나?

忧从中来, 不可断绝

시름이 마음 속으로부터 나오니, 끊어버릴 수가 없구나.

越陌度阡, 枉用相存

논둑 밭둑을 지나 왕림하여 나에게 안부 물으신다.

契阔谈宴, 心念旧恩

오랜만에 만나 이야기하는 자리, 마음으로 옛 은혜를 생각한다.

月明星稀, 乌鹊南飞

달이 밝아 별이 드문데, 까막까치 남으로 나네.

绕树三匝, 何枝可依?

나무를 세 바퀴나 돌았지만, 어느 가지에 의지할거나?

山不厌高, 海不厌深

산은 높은 것을 마다하지 않고 바다는 깊은 것을 마다하지 않도다.

周公吐哺, 天下归心

주공(周公)은 씹던 음식마저 뱉고서 손님을 귀히 맞이하였기에, 천하의
인심이 그에게 돌아간 게 아니겠는가!


「단가행」은 조조의 대표적인 작품으로, 고풍스러우면서 웅장한 느
낌을 주는 시다. 적벽대전을 앞두고 장강에 대군을 집결시키고 달 밝은

밤, 배 위에서 읊은 것으로 알려져 있다. 속절없이 흐르는 세월 속에서 지나온 인생을 되돌아보며 느끼는 처연함과 동시에 천하를 통일하려는 웅대한 야망도 함께 읽힌다.

자, 다음으로 읽어볼 시는 「관창해(觀滄海)」라는 작품이다. 이 작품은 조조가 북방 정벌을 마치고 돌아오면서 어느 바닷가에서 푸른 창해를 바라보며 지은 시다. 역시 호방한 기개가 느껴지는 명시라고 할 만하다.

東臨碣石 동쪽의 갈석산에서

以觀滄海 창해를 바라보나니

水何澹澹 바다는 얼마나 힘차게 출렁이는가.

山島竦峙 섬들엔 산들이 우뚝 솟아 있네.

樹木叢生 수목은 빽빽이 자라고

百草豐茂 풀들은 무성하다.

秋風蕭瑟 가을바람 소슬한 가운데

洪波湧起 거대한 물결이 용솟음친다.

日月之行 해와 달이 마치

若出其中 저 속에서 나오는 듯

星漢燦爛 찬란한 은하수도

若出其裏 저 속에서 펼쳐져 나오는 듯

幸甚至哉 지극히 기쁘구나.

歌以詠志 내 뜻을 노래하리.

## 손권, 누구인가

위·촉·오의 삼국의 지도자 중 상대적으로 가장 비중이 적은 인물이 손권이다. 유비야 실질적 주인공이었고, 조조는 악역으로 강대한 세력을 품은 카리스마 강한 인물이었다. 손권은 셋 중에서 가장 젊었음에도 불구하고 적극적인 세력 확장보다는 현상 유지에 안주하는 다소 소극적인 모습으로 강한 인상을 주지 못한다.

오나라는 장강을 방패막으로 삼고 있어 수비에 유리했고 강남의 비옥한 토지와 풍부한 물자를 보유한 나라였다. 그래서였는지 장강 이북 진출을 적극 꾀하지 않았고, 지키는 정책을 주로 펼쳤다. 삼국지는 손권에 대해 상당히 객관적이고 냉정하게 기술한다. 유비와 조조에 대해 수많은 과장과 미화를 더한 것과 비교해보면 상당히 이례적이라 할 만하다. 이에 대해 이나미 리쓰코(井波律子) 교수는 나관중이 관우를 죽인 손권을 미워해서 그 감정이 손권과 오나라 서술에 영향을 미쳤을 것이라 분석한다.

하지만 한편으로 보면 손권은 상당히 성공한 리더였다고 말할 수 있다. 그는 안정적인 정치로 오랜 기간 권좌를 지킬 수 있었고 또한 아버지와 형과 다르게 상당히 장수했다. 균형 잡힌 외교정책을 펼쳤으며 주유, 노숙 등 유능한 부하가 있었다. 하지만 손권은 말년에 이르러 여러 가지 커다란 오류를 저지르며 나라를 위기에 빠뜨린다. 특히나 후계자 문제에 있어 제대로 된 판단을 내리지 못하고 결국 그것이 화근이 되어 오나라는 쇠망의 길로 접어들게 든다.

## 그 이름, 제갈공명

중국 사천성 성도(成都)에 가면 무후사(武侯祠)가 있다. 본래 제갈량을 모신 사당인데, 그 안에 유비의 능이 있다. 무후사는 군주와 신하를 함께 모시지 않는다는 금기를 깬 중국 유일한 사당이자, 삼국지의 성지라고 할 만한 곳이다. 게다가 제갈량의 시호인 무후를 사용하고 있으니 그의 인기가 얼마인지 짐작할 만하다.

제갈량 혹은 제갈공명, 그는 과연 어떤 인물인가. 자, 일단 그의 이미지를 일별해보자. 삼국시대 최고의 지략가이자 뛰어난 정치가, 세상 모든 것을 꿰뚫어보는 능력자가 바로 제갈량이다. 그가 등장하기만 하면 모든 일이 척척 이루어지고 막힘이 없다. 따라서 그의 카리스마는 삼국지 속의 모든 인물을 압도한다고 할 수 있다. 요컨대 그는 스타 중의 스타인 것이다. 또한 그에게는 현실을 초월한 초능력자와도 같은 일면도 갖추고 있다. 삼국지 안에는 제갈량이 마술과도 같은 능력을 발휘하는 대목이 여러 번 나온다. 그러고 보면 유비가 제갈량을 찾아가는 삼고초려의 장면도 어딘가 모르게 신선을 만나러 가는 느낌을 준다. 이 또한 다분히 의도된 묘사일 것이다. 그러하니 제갈량이 등장만 하면 모든 것이 다 해결될 것 같은 기대를 하게 된다.

그렇다면 역사 속 실제의 제갈량도 과연 그렇게 전지전능한 인물이었을까. 그에 대한 답은 결코 그렇지 않다는 점이다. 소설 속에서처럼 그가 나서기만 하면 모든 전투를 이기고 어려운 문제를 척척 해결했다는 기록은 거의 찾기 힘들다. 그럼에도 사람들이 그렇게 제갈량에게 열광하는 이유는 아마도 그가 불가능을 알면서도 어지러운 현실에 당당히 나서서 최선을 다하는 모습 때문이었을 것이다. 또한 자신을 알아준 유비에게 최선을 다하는 모습 역시 무척이나 매력적이다. 그의 절절한 우국정신과 군주를 향한 충정은 「출사표」에 상세히 묘사되어 있다.


## 제갈량과 출사표

기왕에 앞서 조조의 시를 이야기했으니 『삼국지』 속 또 한편의 유명한 문장을 빠뜨릴 수 없다. 바로 제갈량의 「출사표」다. 자고로 "출사표를 읽고 눈물을 흘리지 않으면 충신이 아니다"라는 말이 있을 정도로 그의 산문은 읽는 이의 마음을 때리는 명문이다. 「출사표」에는 선제 유비에 대한 충정, 후주에 대한 애정, 나라에 대한 절절한 우국지심, 출정을 앞둔 비장감이 생생하게 살아 있다. 본래 출사표라는 것은 장수가 전쟁을 하러 떠날 때 군주에게 바치는 글의 한 양식인데, 제갈량의 「출사표」가 워낙 유명하다보니 「출사표」 하면 으레 제갈량의 글을 떠올리게 된다. 전반부와 후반부의 일부를 살펴보자.

> 선제께서, 왕업을 시작하여, 그 반도 이루지 못하신 채 붕어하셨습니다. 지금 천하는 셋으로 나뉘어 있고, 익주는 피폐해 있습니다. 참으로, 왕실의 존망이 달린 위급한 때입니다. 그러나 다행하게도, 폐하를 모시고 있는 신하들이 궁중에서 소임을 게을리하지 않고, 충성스런 장수들이 먼 전장에서 자신의 몸을 잊고 분전하고 있는 것은, 그들이 전날에 입었던 선제의 각별하신 은총을 생각하여 그 은덕을 폐하께 갚고자 하기 때문입니다. 폐하께서는 마땅히, 밝으신 귀를 여시어 신하들의 간언을 듣고, 선제께서 남기신 덕을 크게 빛내야 하며, 지사(志士)들로

하여금 기개를 크게 떨칠 수 있도록 하셔야 합니다. 공연히 폐하 스스로 덕이 없다 하며 자신을 가벼이 여기시고, 신하들이 간하면 사리에 맞지 않는 비유를 들어 변명함으로써 바른 도리를 잃으시며, 충성스런 마음에서 올리는 간언이 올라오지 못하도록 막으셔서는 안 됩니다.

한날 한시에 죽기로 맹세한 관우가 오나라에 의해 죽고, 장비마저 부하의 손에 허망하게 희생되자 유비는 슬픔과 분노가 치솟아 주위의 만류를 뿌리치고 무리하게 오나라를 공격한다. 그러나 전쟁은 승리하지 못하고 유비는 그 과정에서 병을 얻어 세상을 떠난다. 죽기 전 유비는 제갈량에게 아들 유선을 잘 보필해줄 것을 부탁한다. 출사표의 첫 부분은 유선에 대한 제갈량의 당부가 잘 나타나 있다.

선제께서는 신이 조심스럽고 신중하다는 것을 아시고, 붕어하실 때에 신에게 적군 토벌과 한실 부흥의 큰일을 부탁하셨습니다. 신은 선제의 유명을 받은 이래로, 아침 일찍부터 밤 늦게까지 선제께서 부탁하신 일을 이루지 못하여, 선제의 밝으신 덕을 손상시키지나 않을까 두려워하였습니다. 따라서 신은 5월에 노수를 건너 불모의 땅에 깊이 들어갔습니다. 이제 남방은 이미 평정되었고, 병기와 갑옷도 충분합니다. 마땅히 대군을 거느리고 나아가, 북쪽을 쳐 중원을 평정해야 할 것입니다. 바라는 것은, 노둔한 재주이나 신이 있는 힘을 다하여 간흉 조예를 물리쳐, 한실을 부흥하고 옛 도읍으로 돌아가게 하는 것입니다. 이것이 신이 선제의 은혜에 보답하고, 폐하께 충성을 다하는 신하로써 직분을 다하는 길입니다.

그리고 국가의 이익과 손해를 헤아려, 폐하께 나아가 충언을 다하는 것은 조정의 일을 맡은 곽유지, 비위, 동윤 등의 책임입니다. 원하옵건 대, 폐하께서는 신에게 적을 토벌하고 한실 부흥의 공업을 세우는 일을 맡겨주십시오. 신이 공훈을 세우지 못하면, 신의 죄를 다스려 선제의 영 앞에 고하십시오. 폐하의 덕을 세울 만한 바른 말을 올리지 않으면 곽유지, 비위, 동윤 등의 허물을 꾸짖어 그들의 태만을 드러내십시오. 그리고 폐하께서도 몸소 일을 도모하시어 신하들에게 좋은 방법에 대해 하문하시고, 신하들의 바른 말을 받아들이시어 깊이 선제께서 남기신 말씀을 따르십시오. 신은 선제의 은혜를 입은 감격을 이기지 못하여, 이제 멀리 정벌의 길에 오르며 이 표를 올리려 하니, 눈물이 앞을 가리고 무어라 말씀을 올려야 할지 모르겠습니다.

후반부에서는 자신을 알아보고 중용한 선제 유비에 대한 충정, 그리고 위태로운 정세 속에서 촉의 발전과 부흥을 위해 마지막까지 최선을 다하려는 대신의 결기가 구구절절 전해져 온다.

## 삼국지의 3대 전투

『삼국지』에는 수많은 전투가 등장하여 지략과 용맹을 겨룬다. 그중 3대 전투로 꼽히는 것이 바로 관도대전, 적벽대전, 이릉대전이다. 자, 각각 어떤 전투인지 살펴보기로 하자.

관도대전은 조조와 원소 간의 전투로, 삼국시대의 흐름을 바꿔놓은 중요한 싸움이었다. 당시 하북지역을 점령하고 있던 원소와 천자인 헌제를 등에 업고 세력을 키워가던 조조가 맞붙었다. 조조에게 패한 원소는 역사 속으로 사라지고, 조조는 하북지역을 차지하며 막대한 영토와 군사를 지닌 중원의 강자로 자리매김한다. 사실 외견상으로는 조조가 열세인 전투였지만, 조조에게는 확실한 명분이 있었고 비상한 전략으로 원소를 꺾었던 것이다. 반대로 원소는 우세한 군사력과 풍부한 물량을 가졌음에도 지나친 자만심과 용병술의 실패로 패배를 자초했다.

자, 그리고 그 유명한 적벽대전은 어떤 전투였나. 적벽대전은 서기 208년 통일을 목표로 세력을 팽창하던 조조의 대군과 그에 맞선 유비, 손권의 연합군이 양자강에서 벌인 전투다. 고대 중국의 3대 전투에 드는 대규모 전쟁이었고 역시나 예상을 뒤엎는 극적인 결과로 두고두고 회자되는 전투다. 조조의 패배로 인해 위·촉·오의 천하 삼분이 뚜렷해지게 되었고, 실질적으로 삼국시대가 시작되는 분기가 되는 전쟁이다.

마지막으로 이릉대전은 221년 촉의 유비가 의형제 관우와 장비의 복수를 위해 오나라를 공격해 발발한 전쟁으로 감정을 앞세운 유비가 패하게 되고 이로 인해 삼국의 균형은 깨지게 된다. 이 전투의 패배로 촉은 점차 쇠망의 조짐을 보이게 된다.


## 여행에서 삼국지를 만나다

『삼국지』가 워낙 인기가 있다보니 여러 여행 프로그램에서 삼국지를 따라가는 코스가 소개되고 있고, 실제 몇몇 여행사에서는 인기 있는 관광코스로 개발되기도 했다. 중국에 관한 한 여행사의 도움이 필요 없는 나로서는 언제 어느 때고 훌쩍 떠날 수 있는 곳이 중국이다. 중국을 여행할 때는 대략적인 동선만을 가지고 들어간다. 그마저도 현지에서 바뀌기 일쑤고 그냥 발길 닿는 대로 움직이는 경우가 많다. 어쨌든 그렇게 틈날 때마다 중국을 다니다보니 자연스럽게 삼국지의 흔적을 접하게 되고 그때마다 그 아득한 삼국지의 시대를 상상하게 된다.

내가 중국 여행에서 처음으로 삼국지와 마주한 것은 낙양 관림을 갔을 때다. 마침 소설을 쓰는 친구와 함께 갔었는데, 그때 그곳에서 『삼국지』에 대한 이야기를 참 많이 나눴다. 알다시피 관림은 관우의 묘로 신으로 추앙받기에 공자의 공림처럼 림을 붙여 관림이라 불린다. 그 일대는 관우가 먹여 살리는 곳이라 해도 과언이 아니다. 관우 하면 떠오르는 청룡언월도도 있었는데, 엄청 크고 무거워 제대로 들지도 못할 정도였다.

두 번째로는 아버지와 함께 떠난 여행에서 서주와 합비에 들렀을 때다. 서주는 교통의 요지로 사통팔달의 도시였다. 삼국시대 역시 마찬가지였을 터, 자주 대규모 전쟁이 벌어진 장소다. 서주에는 유명한 하비성이 있었고 토산이 있다. 알다시피 여포는 하비성에서 허무하게 생을 마감했고, 토산에서 관우는 조조에게 항복했다. 물론 조건을 내건 당당한 항복이었다.

합비 역시 전략적 요충지로서 삼국지에서 중요한 위치를 차지하는 곳이다. 오나라 손권은 호시탐탐 합비를 노렸고 위군과 몇차례에 걸쳐 전투를 벌인 곳이다. 합비를 대표하는 삼국지 속 인물로 위나라 명장 장료가 있다. 합비의 유명 관광지인 고소요 공원에 가면 장료의 묘와 그의 석상이 있다.

세 번째는 얼마 전 학생들을 데리고 산동과 하북성 여행을 떠났을 때다. 석가장 외곽의 정정이란 곳은 조자룡의 고향이었다. 거리에는 조자룡의 석상이 세워져 있었고 마을 사람들의 자부심은 대단했다. 그 사실을 전혀 몰랐기 때문에 조자룡을 만난 것은 뜻밖이었다.

## 상산(常山) 조자룡

조자룡 역시 많은 이들이 열광하는 인물이다. 관우가 그렇듯 조자룡 역시 충정의 화신이다. 또한 그 역시도 문무를 겸비한 인물이라고 할 수 있다. 삼국지는 조자룡의 반듯한 이미지를 위해 많은 부분을 할애한다. 한마디로 조자룡은 믿고 맡길 수 있는 인물이었다. 어떤 순간에서도 자신의 역할을 성실히 수행하고 실수를 하는 법이 없다. 장판교에서 유비의 아들을 구해내고, 위기에 빠진 황충을 구해낸다.

조자룡의 일생은 올곧게 영광의 연속이었고, 죽음 또한 정말 드물게 전장에서가 아니라 자연사를 한다. 심지어 여자에 대해서도 깨끗했을 만큼 철저한 자기관리를 했던 인물이다. 삼국지 전문가인 이나미 리쓰코의 설명처럼, 조자룡은 파탄을 보이지 않는 이성적인 무장인 동시에 결코 탈선을 하지 않는 인물이었다. 그러니 어찌 사람들이 좋아하지 않겠는가.

대를 이은 충정, 냉철한 이성과 판단력, 결코 더하지도 덜하지도 않는 중용의 법도까지, 조자룡의 이미지는 실로 반듯하다. 그래서 많은 이들이 조자룡의 모습에서 사대부 미학의 결정을 발견하는 것인지도 모르겠다.


## 독고다이, 여포

『삼국지』 중 가장 뛰어난 무력을 지닌 인물을 꼽으라면 누굴까. 얼핏 관우를 꼽는 이도 있을 수 있겠지만 일반적으로는 여포를 든다. 자, 호뢰관에서 유비, 장비, 관우가 힘을 합쳐 여포를 공격하지만 여포를 잡지 못할 정도였으니, 말 그대로 여포는 최고의 전투력을 지닌 인물이라 하겠다.

이렇듯 최고의 무력을 지닌 여포지만 그는 늘 떠돈다. 동탁의 밑에 있다가 그를 죽이고 왕윤에게로 갔다가 다시 원소에게로, 또 장막에게 가는 식이다. 한곳에 진득하게 붙어 있지 못한다. 즉 정착하지 못하는 것이다. 상황이 이렇다보니 사람들은 여포의 뛰어난 실력은 인정하지만 그를 신뢰하지 못한다.

여포의 그런 기질은 우선 그의 출신에서 비롯되는 듯하다. 그는 몽골의 이민족 출신으로 소개된다. 그래서인지 복장도 좀 다르다. 투구를 쓰는 대신 머리에 깃털을 꽂는 식이다. 이를 통해 여포가 북방 이민족의 후예라는 것이 다시 확인되는 것이다. 여포가 한곳에 정착하지 못하고 여기저기 떠도는 것 역시 그가 몽골의 피를 물려받은 것과 관련이 있어 보인다. 삼국지에서 묘사되는 거칠고 무례한 여포의 성격은 어찌 생각해보면 다분히 한족의 시각에서 본 것일 수 있다. 진수의 삼국지에서도 여포에 대한 평가는 아주 박하다.


## 한국에서는 왜 유독 삼국지인가

『삼국지』의 인기는 한중일 삼국에서 공히 높지만, 중국과 일본에서는 삼국지만 인기 있는 것이 아니다. 수호전 역시 삼국지 못지않은 높은 인기를 누린다. 그런데 유독 우리 한국에서는 수호전, 서유기, 금병매 등 4대 기서의 기타 다른 작품이 맥을 못춘다. 왜 그럴까, 다시 말해 왜 유독 삼국지만 그렇게 인기가 있을까? 이 역시 오래된 의문이었다.

인하대 윤진현 박사는 삼국지가 인기를 끄는 요인을 두 가지로 분석하고 있는데 참고할 만하다. 하나는 삼국지가 동아시아에서 공유하는 완성된 문학으로 그것에 대한 재해석을 통해 필요한 교훈을 쉽게 찾을 수 있다는 것이고, 또 다른 하나는 삼국지가 갖는 이야기 자체의 풍부함을 들고 있다. 다시 말해 과거를 통해 현재를 보려는 욕구가 유독 삼국지라는 작품을 통해 분출되어 나온다는 설명이다. 분명 일리가 있고 또 설득력도 있지만, 여전히 그 정도만으로는 의문이 완전히 해소가 되질 않는다.

한 가지 더 부가한다면 『삼국지』가 다른 작품에 비해 훨씬 더 유가의 가치관에 부합되는 작품이라는 점이다. 즉 충효나 의리와 같은 익숙한 주제가 강조되는 작품이며, 삼국지의 주요 인물들이 이미 기득권을 지닌 엘리트적인 인물이라는 것이다. 이러한 점은 삼국지의 이야기 자체가 풍부하고 드라마틱하다는 특징과 더불어 유독 삼국지를 편애하는 한국적 상황을 만든 것이 아닌가 싶다.


## 관우의 충정, 오관참육장

관우의 출중한 무예실력과 유비에 대한 변함없는 충정이 드라마틱하게 묘사된 대목이 바로 이른바 오관참육장(五關斬六將)이다. 단기필마로 다섯 관문의 장수들을 베는 관우의 이야기는 경극의 단골소재로도 유명하다. 한편 이 대목에서는 관우라는 인물을 아끼고 존중한 조조의 인간적이고 통 큰 일면을 볼 수 있다.

조조는 관우를 포로로 데리고 있으면서 어떻게든 자기 사람으로 만들려고 무던히 애썼다. 수많은 연회를 열었고 미인계를 써서 관우의 마음을 돌려보려고 했으며 많은 선물을 했다. 하지만 소용없었다. 관우는 처음의 약속대로 유비의 소재를 알자마자 조조를 떠난다. 관우는 자신을 막아서는 다섯 관문의 여섯 장수를 벤다. 동령관의 공수, 낙양의 맹탄과 한복, 사수관의 변희, 형양의 왕식, 황하도구의 진기가 관우의 청룡언월도에 쓰러졌다. 뒤늦게 관우가 떠났다는 소식을 든 조조는 사람을 보내 관우를 막지 말고 보내라고 명하지만, 이미 일은 벌어지고 난 뒤였다. 이에 격분한 위의 맹장 하후돈이 군대를 이끌고와 관우와 한판 대결을 벌이는데, 조조는 관우를 그대로 보내주라 명한다. 이는 인물을 알아보는 안목이며, 약속을 지키는 통 큰 모습이다. 오관참육장을 통해 일차적으로 관우의 충정을 이야기할 수 있고, 다음으로 관우와 조조의 관계를 읽을 수 있다. 조조가 관우를 인정하고 품어주는 모양새지만 관우 역시 그런 조조에게 감정이 없을 리가 없다. 훗날 조조는 화용도에서 관우와 다시 대면한다. 그리고 이번에는 관우가 조조에게 길을 열어 준다.

## 삼국지 속의 성어

『사기』가 그러하듯 『삼국지』 역시 성어의 보고다. 우리에게 익숙한 수많은 성어가 『삼국지』에 등장한다. 고전을 읽으며 성어를 함께 익히는 것도 좋은 독서법이 될 것이다. 『삼국지』에 등장하는 유명한 성어들을 몇 개 짚어보자.

○ 간뇌도지(肝腦塗地): 간과 뇌장을 쏟아낸다는 말로 나라를 위해 충성을 다한다는 의미로 쓰인다. 장판교 싸움에서 조자룡이 유비의 아들을 구해오자 유비가 아들을 내던지며 아이 때문에 명장을 잃을 뻔 했다고 탄식하자 조자룡이 감격해 한 말이다.

○ 괄목상대(刮目相對): 눈을 씻고 다시 상대한다는 말, 한낱 무장에 불과했던 여몽이 노숙의 권유로 책을 읽은 뒤 지장으로 나타나자 노숙이 감탄하며 한 말이다.

○ 군신수어지교(君臣水魚之交): 군주와 신하가 물과 물고기처럼 친하다는 말이다. 유비가 제갈량을 영입, 극진히 대하자 장비가 불평을 늘어놓았다. 이에 유비가 타이르며 말했다. 내가 제갈량을 얻은 것은 물고기가 물을 얻은 것과 같다고.

○ 계륵(鷄肋): 말 그대로 닭갈비인데, 먹자니 먹을 만한 게 없고 버리자니 아깝다는 의미로 조조가 한 말이다. 한중 땅을 차지하기 위해 전쟁을 벌이던 조조는 이래저래 쉽지 않은 그 한중을 계륵으로 비유하고 철수했다.

○ 단도부회(單刀赴會): 칼 한 자루로 모임에 나간다는 의미, 여기서 모임은 목숨이 위험한 자리를 가리킨다. 관우를 초대하여 여차하면 죽이겠다는 노숙의 계책에 관우는 대담하게 자신의 칼 한 자루만을 쥐고 찾아간다.

○ 망매해갈(望梅解渴): 매실로 자극하여 목마름을 푼다는 이 성어는 조조의 뛰어난 임기응변을 대변한다. 이는 공상으로 마음의 위안을 얻는다는 의미다.

○ 백미(白眉): 마량의 눈썹이 희다는 말로, 가장 뛰어난 인물이나 물건을 가리킨다. 다섯 명의 형제 중 눈썹이 하얀 마량이 가장 출중했다는 것에서 유래되었다.

○ 우도할계(牛刀割鷄): 소 잡는 칼로 닭을 잡는다는 말이다. 동탁이 사수관을 지킬 장수를 뽑는데, 여포를 보내려고 했다. 이에 화웅이 여포는 소 잡는 칼이고 손권은 닭이라고 비유를 하며 자신을 보내줄 것을 청

했다. 작은 일을 함에 격식에 맞지 않게 크게 벌이는 것을 의미한다.

○ 읍참마속(泣斬馬謖): 제갈량은 전투에서 패한 마속을 군법에 따라 처형하며 눈물을 보였다는 것에서 유래되었다. 즉 원칙을 위해 자신이 아끼는 사람을 버린다는 의미다.

○ 칠종칠금(七縱七擒): 제갈량이 남만정벌에 나서 우두머리인 맹획을 일곱 번 잡았다 풀어주어 진정한 항복을 받았다. 상대방의 마음을 마음대로 다룸을 뜻하는 성어다.

○ 화병(畫餅): 그림 속의 떡, 능력없이 겉만 번지르르한 이를 가리킨다. 다시 말해 실제로는 쓸모가 없는 어떤 것을 지칭한다. 조조의 뒤를 이은 조비가 인재를 등용할 때 강조했던 말로, 실질을 중시했던 조조 가문의 특징이 엿보인다.


## 제갈량과 주유

중국 영화계의 거장 우위썬(吳宇森, 오우삼)이 필생의 역작으로 만든 『적벽대전』은 조조의 대군에 맞선 촉과 오의 연합작전을 그리고 있다. 영화의 하이라이트는 적벽에서 펼쳐지는 전쟁신이지만, 그보다 우위썬은 주유와 제갈량의 만남에 무척 공을 들이고 있다.

소설 『삼국지』에서 제갈량과 주유의 관계는 그리 순탄치 않다. 작전상 손을 잡기는 했지만 주유는 시종일관 제갈량의 재능을 시기하고 질투했으며 심지어 몇 번이고 죽이려는 시도도 했을 정도였다. 강동 최고의 책사로 신망이 두텁던 주유에게 제갈량은 눈엣가시였는지 모르겠다. 자기를 놔두고 왜 제갈량을 낳게 했냐며 하늘에 대고 탄식했다는 것은 삼국지의 유명한 일화다. 하지만 그렇다고 제갈량과 주유가 대립과 원망의 관계만은 아니었다. 주유가 36세의 젊은 나이로 아깝게 죽게 되자 제갈량은 조문을 가서 통곡을 하며 제문을 읽었다.

앞서도 말했듯이 우위썬의 적벽대전은 제갈량과 주유의 관계에 상당히 많은 부분을 할애하고 있는데, 소설 삼국지의 내용과는 사뭇 다르게 전개된다. 그들은 서로가 서로를 알아주는 지음의 관계로 묘사된다. 특히나 거문고를 타면서 서로의 마음을 읽어내고 확인하는 과정은 전투신 못지않은 영화의 압권이다. 우위썬의 대표작 중 하나인 〈첩혈쌍웅〉 속 저우룬파(주윤발)과 이수현이 연상되는 대목이다. 대치할 수밖에 없는 관계였지만 그것을 넘어 서로를 이해하고 일치되어 죽음까지 함께하는 모습 말이다. 이 역시 삼국지에 대한 하나의 새로운 해석일 것이다.


## 조조와 관우

제갈량과 주유의 관계도 흥미롭지만 조조와 관우의 관계는 더욱 그렇다. 어쩌면 삼국지 전반에 걸쳐 가장 강렬하면서도 오묘한 인간관계가 바로 조조와 관우의 관계일지도 모르겠다는 생각이 든다. 그만큼 드라마틱 하기도 하고 가슴 찡한 구석이 있다.

자, 관우가 무사로서 본격적인 이름을 알리게 되는 대목도 조조와 연관이 있다. 낙양을 빼앗고 막강한 힘을 과시하는 동탁을 잡기 위해 원소를 중심으로 연합군이 결성되었다. 당시 조조를 비롯 유비, 관우, 장비도 이 연합군에 참여했는데, 동탁의 맹장 화웅이 맹위를 떨치고 있어 공격이 쉽지 않았다. 이때 관우가 수염을 휘날리며 등장하여 화웅과의 싸움을 청했다. 무명의 일개 장수가 나설 때가 아니라고 원소가 반대했지만 조조가 관우의 범상치 않음을 알아보고 기회를 주자고 제안한다. 그리고 술을 한잔 따라주며 마시고 가라고 한다. 관우는 다녀와서 술을 마시겠다며 달려나가 화웅을 벤다. 명장 관우의 등장을 알리는 대목이다. 동시에 조조의 남다른 안목을 드러내주는 장면이기도 하다.

이렇게 시작된 두 사람의 인연은 어떻게 전개가 될까. 이후 조조와 대치하게 된 유비군은 조조의 공격에 패배하여 원소에게 달아나고, 유비의 처자식을 호위하며 하비를 지키던 남겨진 관우는 위기에 처한다. 관우의 인품과 무예를 좋아하던 조조는 관우를 자기 사람으로 삼기 위해 장요를 시켜 관우의 항복을 받아낸다. 그러나 충정의 상징인 관우는 언제든 유비의 소재가 확인되면 그에게 가겠다는 조건을 걸고 투항한다. 이후 조조는 관우를 후하게 대하며 온갖 친절을 다 베풀었지만 관우의 생각은 변함이 없었다. 그래도 조조를 위해 힘을 쓰기도 했으니 원소와 백마성에서 싸울 때 맹장 안량과 문추를 무찌른다. 그리고는 그것을 선물로 삼고 유비를 찾아 떠난다. 이때 관우는 다섯 개의 관에서 여섯 명의 위 장수를 베지만 조조는 관우를 자유롭게 통과시키라고 명한다. 이처럼 적대관계를 넘어 서로를 인정하고 이해하는 조조와 관우의 관계는 뭐랄까, 시원시원한 느낌과 애틋함이 있다.

자, 관우와 조조의 인연은 이후 화용도에서 다시 한 번 이어진다. 이번에는 반대로 조조가 위기에 처하고 관우가 관용을 베푼다. 적벽에서 촉, 오 연합군에게 대패한 조조는 패잔병을 이끌고 달아난다. 제갈량은 치밀하게 계획을 짜서 조조의 퇴로를 차단한다. 조조와 관우의 관계를 알고 있는 제갈량은 계획에서 관우를 제외시키지만 관우는 군법을 지키겠다고 약속한 뒤 화용도로 간다. 그리고 화용도에서 관우와 맞닥뜨린 조조, 그 절체절명의 순간에서 옛일을 떠올리며 도움을 청한다. 의리를 목숨처럼 여기는 관우는 조조의 청에 갈등하다가 마침내 길을 열어준다. 많은 이들이 이 화용도 장면을 문학성이 뛰어난 명장면으로 꼽는다. 역시 뭔가 가슴을 치는 감동이 있다.

## 빛나는 이름, 오호장군

유비 밑에 있던 다섯 명의 출중한 장수를 오호장군(五虎將軍), 혹은 오호대장군이라고 부른다. 즉 관우, 장비, 조자룡, 황충, 마초를 가리킨다. 물론 실제로 유비가 이들에게 오호장군이라는 호칭을 부여한 것은 아니다. 말하자면 민간 전승 속에서 자연스레 그런 분류가 생겨난 것이고 굳어진 것이다. 촉나라에만 유능한 장수가 있었겠는가. 위나라에도, 오나라에도 유능하고 충성스러운 장수는 얼마든지 있었다. 하지만 소설 삼국지의 중심은 바로 촉한에 있었으니, 촉의 장수들에게 애정을 듬뿍 쏟는 것은 당연한 일이기도 했다. 오호장군, 멋진 호칭이다.

관우, 장비는 유비와 의형제를 맺은 인물이니 두말할 필요도 없고, 역시 백전불패의 실력과 투철한 충정으로 무장한 조자룡도 앞서 언급했으니 따로 더 부가하지 않겠다. 자, 그렇다면 황충과 마초에 대한 이야기를 조금 해보자. 황충은 말 그대로 백전노장의 상징이다. 처음에는 형주를 차지하고 있던 유표의 무장이었고, 장사태수를 지닌 한현의 장수로 있었다. 후에 장사를 공격한 유비군과 맞섰는데, 관우와 일생일대의 한판을 벌인다. 이후 유비의 부하가 되었고 많은 공을 세웠다. 특히 활을 잘 쏜 것으로 유명하며 한중을 놓고 위와 싸울 때 맹장 하후연을 해치웠다. 그때 그의 나이 74세였다고 삼국지는 기록해놓고 있다. 과연 70이 넘은 노인이 선두에 서서 적의 맹장 하후연을 벴던 것일까. 그보다는 그가 주로 만년에 맹활약했다는 점에 착안해 재미를 더해 과장을 섞어 그렇게 기록한 것이 아닌가 싶다. 어쨌든 노익장의 상징, 황충이 대단한 인물임에는 분명하다.

자, 그리고 마초, 마초는 삼국지 속 비운의 인물이다. 마등의 아들이자 서량군의 황태자였던 그, 동관에서 조홍을 깨뜨리고 조조를 물리쳐 여포에 비견된다는 평가를 받았다. 마초는 서량에서 2번이나 재기를 노렸지만 모두 실패했고 후에 한중으로 들어와 유비와 인연을 맺는다. 탁월한 무력을 지녔던 마초는 유비군 합류 후 많은 활약을 할 것으로 보였지만 크게 중용되지는 못했고, 젊은 나이에 일찍 병사한 인물이다. 많은 아쉬움을 자아내는 비운의 명장이자 파란만장한 삶을 살았던 인물이다. 어쩌면 그래서 더욱 많은 이들에게 회자되고 있는 것은 아닐까 싶다.


## 삼고초려에 대하여

삼고초려(三顧草廬), 유비가 제갈량을 얻기 위해 세 번이나 찾아갔다는 이 이야기는 너무나 유명해서 삼국지를 읽지 않은 이들도 다 아는 성어다. 유비는 제갈량을 얻은 것을 물고기가 물을 만난 것으로 비유하며 기뻐했다. 제갈량의 입장에서는 초야에 묻혀 때를 기다린 자신에게 찾아온 절호의 기회였을 것이다. 말하자면 유비, 제갈량 서로가 윈윈하는 결합이었던 것이다.

우리는 삼고초려 이야기를 통해 인재를 중시하고 자신을 낮추는 유비의 성격과 유능한 인재를 얻는 일이 결코 쉽지 않다는 것을 알 수 있다. 일개 서생에 불과한 제갈량을 만나러 관우, 장비를 데리고 그가 사는 초가집을 찾는데, 두 번은 외출을 해서 허탕, 세 번째는 낮잠을 자고 있었다. 유비는 제갈량이 깨어날 때를 기다리며 마당에서 기다린다. 관우와 장비는 그런 상황에 잔뜩 화가 났다. 유비는 왜 제갈량을 세 번이나 찾아간 것일까. 당시 유비에게는 자신을 도와줄 전략가가 절실했다. 이미 뛰어난 무장들을 이끌고 있었지만 그것으로는 부족했다. 한 차원 더 높게 천하를 도모하기 위해서는 전체적인 판도를 읽고 총지휘를 할 수 있는 인물이 필요했던 것이다.

제갈량은 유비의 삼고초려에 감격하여 출사를 결심하고 이후 온 힘을 다해 유비를 도왔다. 마침내 천하삼분지계를 완성하였고 유비가 죽은 뒤 2대 유선에게도 충성을 다했다.


## 장판파 싸움

삼국지의 여러 전투에서 장판파(長坂坡) 전투도 빼놓을 수 없다. 유비의 성격이 잘 드러나는 전투이기도 하고 장비, 조자룡의 눈부신 활약에 손에 땀을 쥐게 하는 대목이기도 하다. 관도대전으로 중원을 장악한 조조는 대군을 이끌고 형주 정벌에 나선다. 남방을 차지하려는 속셈이었다. 당시 형주는 유표가 맡고 있었고 유비는 그에게 의탁하고 있었다. 유표가 죽고 아들 유종이 뒤를 이었는데 조조의 대군 앞에 겁을 먹고 투항했다. 유비가 유종과 조조의 일을 알게 되었을 때 이미 조조가 코앞까지 진격해 들어오고 있었다. 유비는 급히 퇴각할 수밖에 없었는데, 그를 따르는 사람들이 늘어나 이동이 쉽지 않았다. 먼저 몸을 피하라는 주위의 권유에 유비는 모든 일의 근본은 백성이고 자신을 따르는 이들을 저버릴 수 없다고 답한다.

이동은 더뎠고 마침내 조조군은 장판교에서 유비 일행을 따라잡게 되었다. 유비군은 대패했고 가족들마저 흩어지게 된다. 자, 이때 유비를 경호하던 조자룡이 나선다. 단신으로 조조의 대군 속으로 뛰어들어 유비의 아들 유선을 구해낸다. 조조군의 포위망을 뚫고 빠져나오니 장판교에는 장비가 장팔사모를 들고 지키고 있었다. 유비군의 최후를 담당한 장비, 그가 이끄는 군사는 20기 남짓이었다. 조조의 군대가 조자룡을 쫓아 장판교까지 따라왔다. 하지만 장비의 위세에 눌려 누구 하나 나서지 못했다. 장비의 쩌렁쩌렁한 호령이 울린다. "나는 장익덕이다. 겨루고 싶은 자 있으면 나와서 이름을 대라."

조자룡의 명성이 확실히 알려지고 장비의 저력과 용맹을 유감없이 발휘한 곳이 바로 이 장판파 전투였다. 조자룡은 이후 호위(虎威)장군으로 불리게 되고, 장비는 일기당천(一騎當千)의 천하 호걸로 통할 수 있게 되었다.


## 초한지와 비교해보기

삼국지를 읽다보면 자연스레 초한지의 여러 인물이 떠오른다. 가령 유비는 유방과 겹쳐 보이고, 항우의 경우 조조가 떠오르기도 하고 여포가 생각나기도 한다. 유방의 유능한 책사였던 장량과 촉한의 책사 제갈량이 함께 떠오르기도 하고 관우, 장비, 조자룡 같은 장수들과 더불어 한신, 번쾌, 영포 등이 생각나기도 한다. 그뿐만 아니라 절세미인 우희와 초선이 비교되기도 한다. 한 시대를 수놓은 수많은 영웅호걸들의 함성이 들려오는 듯하다.

강산은 변함이 없는데, 주인공들은 바뀌어 천하를 놓고 치열하게 싸운다. 처음으로 중국을 통일했던 진시황제, 그러나 진나라는 오래가지 못했다. 그가 죽자 진나라는 바로 위기에 처하게 되고, 다시 세상은 혼란에 빠지게 되자 중원을 제패하려는 세력들이 여기저기서 들고 일어나 마침내 항우와 유방이 일대 격전을 벌였다. 승리한 유방이 한 제국을 열고 400년을 지속했다. 유씨 황조는 계속될 것 같았지만 영원한 태평성대란 없는 법, 다시 한나라는 그 운명을 다한 채 무너지고 다시 삼국으로 나뉘어 치열한 전쟁을 펼치지 않았는가. 한편으로 생각해보면 허망함이 느껴진다. 산천은 그대로인데 숱한 영웅들은 모두 사라지고 없으니. 과연 권력이란 무엇이며 천하란 또 무엇이란 말인가.

## 삼국지의 영화화에 대해

중국인들이 자랑하는 세계적 베스트셀러 삼국지는 텔레비전 드라마로 여러 번 영상화되었다. 긴 편폭과 수많은 인물이 등장하는 삼국지는 막대한 자금을 부어서 보통 90회, 100회의 대규모 드라마로 만들어진다. 자, 그렇다면 영화쪽에서는 어떨까. 사실 두시간 남짓하는 시간에 삼국지의 내용을 담아내긴 역부족일 터, 그래서 그런지 의외로 삼국지의 영화화는 거의 이루어지지 않았다. 그러다 2008년 베이징 올림픽 즈음부터 삼국지라는 이름을 단 영화들이 조금씩 나오고 있다.

포문을 연 이는 이인항 감독의 〈삼국지—용의 부활〉이란 작품이었다. 상산 조자룡의 일생을 따라가는 영화로, 톱스타 류더화(劉德華, 유덕화)가 조자룡 역을 맡아 열연했다. 백전불패, 충정의 화신 조자룡은 삼국지의 수많은 영웅 중에서도 손꼽히는 인물로 많은 이들의 사랑을 받는 인물이다. 영화는 혈혈단신으로 유비의 아들을 구해내는 장판교 싸움에서부터 백발이 성성하여 마지막 전투에 나서는 조자룡의 말년까지를 비장하게 담아내며 흥행에 성공했다.

자, 그리고 아시아 영화사상 최대의 제작비라는 기록으로 우위썬이 필생의 역작이라고 공언했던 〈적벽대전〉이 있다. 삼국지 최대의 전투라고 할 수 있는 적벽대전을 웅장하게 영상에 담아내고 있는데, 특히 제갈량과 주유의 관계에 초점을 맞춘 영화였다. 조조의 카리스마, 그리고 서로가 서로를 알아주는 제갈량과 주유의 모습을 잘 담아냈다. 무엇보다 소설 속 흥미진진한 적벽의 전투를 실감나게 눈앞에 펼쳐보여준 영화다.

이후 신의 자리에 오른 관우의 일생을 따라가는 〈명장 관우〉라는 영화도 있었다. 혈혈단신으로 유비를 찾아가는 그 유명한 오관돌파를 스펙터클하게 구현하고 있으며, 어떻게든 관우를 잡으려는 조조의 인간적인 매력까지 표현한 영화였다. 익히 알고 있는 관우의 충정과 뛰어난 무예도 좋았지만 특히 조조에 대한 묘사가 인상적인 작품이었다.

삼국지는 영화로 옮기기에 무궁무진한 콘텐츠를 가지고 있는 텍스트다. 앞으로도 특정인물, 혹은 사건을 중심으로 계속해서 영화화될 것으로 보인다.


## 한국의 삼국지 시장

앞서도 말했지만 한국에서의 삼국지 열기는 여타의 모든 중국 고전을 압도한다. 따라서 수많은 당대의 작가들이 갖가지 이름으로 삼국지를 번역, 혹은 평역했다. 그 수가 수백 종에 달한다하니 그 인기를 짐작하고도 남을 만하다. 그중 가장 유명하고 많은 이들의 사랑을 받은 몇

몇 삼국지를 일별해보자.

한국형 삼국지 번역의 효시라고 할 만한 박태원의 삼국지가 있다. 그는 유명 영화감독 봉준호의 외조부이기도 하다. 1940년대 〈신시대〉라는 잡지에 연재되었다. 해방 후 정음사에서 다시 번역, 출판되었다. 많은 이들에게 큰 인기를 끌었다. 당대의 일급작가답게 유려한 문체와 해박한 지식이 돋보인다는 평가를 얻었다.

1960년대를 풍미한 월탄 박종화의 삼국지도 빼놓을 수 없다. 1963년부터 68년까지 한국일보에 연재되었고 이후 책으로 묶여 나왔다. 연재 시에도 많은 인기를 끌었고 출판 후에도 많은 화제를 낳으며 명성을 떨쳤다. 무엇보다 요시카와의 영향을 탈피, 본격적인 우리의 삼국지라는 면에서도 의미를 가진다 하겠다.

당대의 인기작가 정비석의 삼국지는 1985년 출간되어 200만부 이상 판매된 베스트셀러다. 작가 특유의 화려한 문체로 소설적 재미를 극대화했다. 특별한 해설이나 평 없이 원작에 충실하게 다가간다. 속도감도 빠르고 몰입도가 뛰어나 쉽고 재미있게 삼국지의 세계를 만날 수 있다.

한학자 김구용의 삼국지는 정역 삼국지로 유명하다. 1974년 출판되었고 원문에 충실한 정통 완역본이다. 고풍스러운 문체와 유려한 시 번역으로 정평이 높으며 많은 이들이 손꼽는다.

1988년 출판되어 이후 한국 삼국지 시장을 석권했다고 해도 과언이 아닌 이문열의 삼국지는 가장 많은 사람들이 읽은 삼국지다. 1,500만부라는 경이적인 판매고를 기록하고 있는데, 유려한 문장, 새로운 해석과 젊은 감각으로 수많은 독자들을 사로잡았다. 동시에 작가의 지나친 개입 등으로 적지 않은 비판을 받고 있기도 하다.

이외에도 황석영, 김홍신, 장정일 등 쟁쟁한 작가들이 자신의 이름을 걸고 삼국지를 번역, 혹은 평역하며 화제를 낳았다.

## 일본의 삼국지 시장

자, 다음으로 참고삼아 일본의 삼국지 시장을 살펴보자면, 우선 요시카와 에이지(吉川英治)의 삼국지를 이야기할 수 있다. 1930년대 후반 신문에 연재되어 빅히트를 기록했으며 이후 일본에서는 삼국지의 정석이 되었다. 수십 년간 일본의 삼국지 시장을 주도했으며, 일본은 물론 한국에도 많은 영향을 끼쳤다고 하겠다. 일본에서만 1억부 이상 판매되며 출판계의 신화가 되었다. 심지어 요시카와 본이라는 용어도 있을 정도다. 〈조선일보〉 유석재 기자는, 요시카와의 삼국지가 딱딱한 한문 고전형식의 문장을 등장인물과 묘사가 살아 숨 쉬는 근대소설로 바꾸었다고 설명한다. 일리 있는 설명이다. 확실히 그의 삼국지는 생동감 넘치는 묘사가 인상적이고, 너무 허황된 요소들을 논리적으로 설명하는 등 현대의 독자들에 강하게 어필한다.

한국에서도 김동리, 황순원 같은 대가들도 요시카와의 삼국지를 번역, 출판한 바 있고, 많은 인기를 끈 정비석의 삼국지 또한 그 바탕에서 재구성을 더한 케이스로 볼 수 있다.

자, 이렇듯 요시카와 에이지의 영향이 크긴 하지만 그 외의 삼국지 번역으로는 누구를 말할 수 있을까. 최근에는 기타가타 겐조(北方謙三)의 삼국지를 이야기할 수 있겠다. 추리소설 작가로 유명한 기타가타는 속도감 있는 하드보일드한 문체로 삼국지를 다시 썼으며, 선악 구도를 벗어난 내용으로 독자들의 사랑을 받았다. 한국에도 『영웅 삼국지』란 제목으로 번역되어 있다.

## 중국 이중톈의 삼국지 강의

지난 2005년 중국 CCTV 백가강단이라는 프로그램에서 삼국지를 강의해 선풍적인 인기를 끈 이가 있었다. 중국 하문대학 교수인 이중톈 (易中天) 교수인데, 이로 인해 중국 전역에 고전열풍을 일으키며 많은 화제를 낳았다. 강의 내내 폭발적인 시청률을 기록했고, 강의 내용은 다시 책으로 묶여 엄청난 판매고를 기록했다. 이중톈은 단숨에 스타 지식인이 되었고 이후로도 많은 책을 쏟아내며 계속해서 인기를 구가하고 있다. 그의 여러 책이 우리 한국에도 번역되어 있다.

자, 그렇다면 이중톈 강의의 어떤 면이 그렇게 열광적인 반응을 이끌어냈을까. 일단 쉽고 재밌게 삼국지에 대해 이야기했다는 점을 성공의 요인으로 볼 수 있다. 특히나 현대적 시각과 가치관에서 삼국지를 재조명했으며, 그 속에서 여러 지혜와 철학적 사유, 인생을 관통하는 통찰력을 제시했다고 할 수 있겠다. 앞서 『논어』 부분에서도 위단(于丹) 교수의 논어 심득 강의가 많은 인기를 끌었다고 소개했는데, 둘 모두 같은 맥락에서 파악될 수 있겠다. 많은 중국인들이 자국의 고전에 대한 목마름이 있었던 것 같다. 경제가 발전되며 점점 빠르게 흘러가는 삶의 패턴, 돈과 물질이 우선시되는 황금 만능의 풍조, 그럴수록 피폐해져가는 정신, 그 속에서 만나는 옛 고전에서 새삼 새로운 위안과 지혜를 얻게 되었는지도 모르겠다. 그건 우리도 마찬가지이다. 최근 인문학에 대한 관심과 여러 고전 강좌들이 인기를 얻는 것은 이 복잡하고 혼란스러운 세상에서 무언가 해답을 얻고 싶기 때문이다.

### 『삼국지』 관련 읽어볼 만한 책

○ 이나미 리쓰코 저, 김석희 역, 작가정신, 『삼국지 깊이 읽기』

○ 이나미 리쓰코 저, 김석희 역, 작가정신, 『인물 삼국지』

○ 이중톈 저, 김성배 외 역, 김영사, 『삼국지 강의』

○ 밍더 저, 홍순도 역, 더숲, 『왼손에는 사기, 오른손에는 삼국지를 들어라』

○ 김상엽 저, 루비박스, 『삼국지를 보다』

○ 김운회 저, 삼인, 『삼국지 바로 읽기』

○ 나관중 저, 정비석 역, 은행나무, 『삼국지』

○ 나관중 저, 이문열 평역, 민음사, 『삼국지』

# 4. 시대와 맞장 뜬 남자들

— 『수호전(水滸傳)』 읽기

## 『수호전』, 어떤 작품인가

『수호전』은 명대 초기의 장편소설이다. 북송시기 산동지방에서 활동했던 송강을 비롯한 36명이 반란을 일으켜 관군과 싸움을 벌였다는 송사(宋史)의 간단한 기록이 근거가 되어 편찬되었다. 『수호전』은 여러 장회소설(章回小說)이 그렇듯이 오랜 시간을 거치면서 여러 사람의 손을 거치며 이루어진 작품인데, 야사와 민간 전설에 기초한 설화에서 출발하여 강창, 화본, 잡극 등 다양한 문학양식을 통해 다듬어지다가 명대에 이르러 장편소설로 정착되었다.

북송이 멸망된 뒤 송강을 비롯한 양산박의 전설은 계속 부풀려지고 과장되어 비현실적인 영웅담으로 발전하기에 이른다. 이후 남송과 원대를 거치면서는 더욱 각색되어 사회의 부조리에 맞서고 부패한 탐관오리를 무찌르고 나아가 이민족을 무찌른다는 등 대중적 희망, 민족주의 등과 결합되면서 영웅적인 의적의 이야기로 발전하였다.

『수호전』의 줄거리는 물론 판본에 따라 다르지만, 120회본을 기준으로 말한다면 크게 두 부분으로 나누어 볼 수 있다. 전반부는 송강을 비롯한 108 영웅들이 각자의 사연을 가지고 양산박으로 모여드는 이야기고, 후반부는 양산박의 영웅들이 송나라에 귀순하여 황제의 명을 받들어 요나라와 싸워 승리한다는 내용이다.

## 한국과 중국에서의 수호전

중국에서는 물론 유교의 전통이 강한 우리나라에서도 『수호전』은 줄곧 금서로 지정되었다. 봉건시대 권력을 가진 기득권 입장에서는 양산박의 인물들은 기존의 질서를 어지럽히는 도적의 무리였을 것이다. 반면 민중의 입장에서는 부패한 현실과 가렴주구(苛斂誅求)하는 탐관오리에 대항하는 용감한 영웅이었다.

현대 중국에서는 『수호전』에 대한 평가가 물론 과거와는 다른 양상으로 전개된다. 국민당에 맞서 승리한 공산당이 집권한 현재의 사회주의 중국은 『수호전』이라는 작품과 사회주의 혁명의 정당함을 비교하고 있다. 모택동이 수호전을 즐겨 읽었다는 일화도 유명하다.

우리나라의 경우는 물론 중국과 다르지만, 『수호전』은 우리나라 『홍길동전』, 『임꺽정전』, 『전우치전』 및 최근의 『장길산』까지 소위 의적(義賊)소설의 창작에 큰 영향을 주었다는 점에서 중요한 작품으로 꼽을 수 있다.

우리는 『수호전』을 두고 흔히 의적소설이라고 부른다. 그런데 중국에서의 평가는 우리와 좀 다르다. 우리는 『수호전』에 나오는 108명의 인물들에 대해 '의적', 즉 의로운 도적이라고 부르지만, 중국인들은 그들을 도적이라고 보지 않는 것 같다. 중국인들은 그들을 '108 영웅, 혹은 호한(好漢)', 호걸이라고 호칭한다. 소설 속에 나오는 그들의 행위에 대하여서는 부패한 조정에 항거한 정당한 '기의(起義)'로 보는 경향이 강하다. 이러한 차이는 아무래도 중국과 우리의 사회체제가 다른 데에 기인하는 것으로 보인다.

이는 『수호전』 속의 인물에 대한 선호에서도 드러난다. 자, 중국인들이 가장 좋아하는 『수호전』 속의 인물은 누구일까. 그들이 『수호전』의 등장인물 중에 제일 좋아하는 인물은 아주 거칠고 과격하면서 끝까지 타협하지 않고 봉건왕조에 반항을 주장한 흑선풍(黑旋風) 이규(李逵)와 화화상(花和尚) 노지심(魯智深)이다. 왜냐하면 그 인물들이 특히나 직설적이고 아주 통쾌하게 묘사되어 있기 때문이다.


## 왜 『수호전』을 높이 치는가

앞서 살펴본 대로 본토 중국에서의 『수호전』 인기는 대단하다. 이웃 나라 일본에서도 『수호전』의 인기가 대단하다. 많은 이들이 가장 재미있고 뛰어난 소설로 『수호전』을 꼽는다. 그런데 왜 우리나라에선 그런 인기를 얻지 못할까. 이 역시 오래된 의문이었다. 현재 우리나라에서 『수호전』은 『삼국지』의 위세에 가려 제대로 된 평가를 받지 못하고 있는 듯하다.

『수호전』은 직접 번역을 시도했던 인연으로 더욱 각별하다. 왜 국내에서 『수호전』이 큰 인기를 끌지 못할까를 생각하다가 직접 번역에 나서보기로 했던 적이 있었다. 물론 쉽지 않은 작업이고 지난한 일이라는 것을 깨달았다. 장기적인 과제로 삼고 꾸준히 준비해나갈 생각이다.

자, 그렇다면 사람들은 왜 수호전에 대해 그렇게 높은 평가를 내리는가. 그에 대해서는 우선 역대의 평가를 참고해볼 만하다. 명대의 유명한 사상가 이탁오(李卓吾)는 다음과 같이 『수호전』을 평했다.

우주 내에는 五大 문장이 있다. 한대에는 『사기』가 있고, 당대에는 두보의 시집이 있으며, 송대에는 소식의 문집이 있고, 원대에는 시내암의 『수호전』이 있으며, 명대에는 『이헌길집』이 있다.

또한 명말 청초의 유명한 비평가이자 『삼국지』와 『수호전』을 편찬했던 김성탄은 다음과 같이 말한 바 있다.

다른 책들은 한 번 읽고 그만이지만 『수호전』은 108인의 성경을 모두 다르게 묘사하는 데 완전히 성공하였으므로, 이 책은 전혀 싫증나지 않는다.

『서유기』의 사건들은 너무 환상적이어서 진실되지 않으며, 『삼국지연의』의 사건들은 역사의 세부 묘사에 너무 충실하여 읽는데 재미가 없다. 『수호전』은 이들 사이의 균형을 갖추고 있다.

거친 인물들을 묘사하는 데에도 『수호전』에서는 많은 묘사 방법을 사용한다. 예를 들면, 노지심의 거칢은 성급한 성질을 가진 자의 것이고, 사진의 거칢은 젊음의 충동에서 오는 것이다. 무송의 거칢은 구속받지 않는 영웅의 것이며, 완소칠의 거칢은 억압된 슬픔과 분노에서 오는 것이다. 그리고 초정의 거칠음은 단지 그의 나쁜 기질을 나타낼 뿐이다.

심지어 김성탄이 『수호전』을 『삼국지』보다 뛰어나다고 평가하는 대목은 좀 뜻밖이다. 많은 평론가들이 지적한 대로 『수호전』이 문학, 예술 면에서 거둔 가장 돋보이는 첫 번째 성과는 인물의 형상을 성공적으로 창조한 데 있다. 소설 속에 수백 명의 인물이 등장하는데, 주인공들의 개성이 뚜렷하고 생동감이 있는 것은 물론이고 몇 번 등장하지 않는 인물들 가운데도 개성적인 특징을 가지고 있는 인물이 적지 않다. 또한 이러한 영웅들의 형상은 현실 생활, 계급투쟁에서 발현되지만, 그 안에는 또한 강렬한 이상적 색채가 부여되어 있다. 이처럼 소설 『수호전』은 다양한 인물들의 서로 다른 신분과 경력에 따라 각기 다른 투쟁적 상황과 개성적 특징을 묘사하는데 성공했다. 가령 임충, 노지심, 양지 세 사람은 모두가 뛰어난 무예를 갖고 있고 군관 출신이라는 공통점이 있지만, 각기 다른 신분과 경력을 갖고 있으며 양산박으로 오르는 길도 서로 다르다는 점이 흥미롭게 배치되어 있다. 작자는 이런 것들을 서술하면서 그들 각각의 개성적 특징을 다르게 나타냈다. 같은 사건의 인물이라도 대비의 방법을 통하거나 혹은 비교의 방법을 사용하여 각기 다른 개성과 나름의 성격을 선명하게 묘사하고 있다.

또 『수호전』은 인물을 부각함에 있어서 일상이나 심리에 대한 번잡한 묘사에 치우치지 않는 대신, 비범하고 강렬한 행동으로 각 인물들의 사상과 성격을 뚜렷이 드러낸다. 인물들의 얼굴 생김새도 아주 개성있게 묘사되어 있으며 다양한 줄거리를 속도감 있게 이끌어나가면서 독자들을 매료시키고 있다. 한편 때로는 상상, 혹은 과장의 수법을 자연스럽게 이용하여 영웅 인물의 사상과 성격을 더 두드러지게 하였다. 가령 노지심이 정도를 화나게 하여 거리로 끌어내 때려 죽이고 안전하게 피신한 일화는 악한 자들을 증오하며 약자를 대신해 반드시 징벌하는 그의 성격을 잘 드러낸다. 동시에 평소에는 거칠고 단순해 보이지만 위급한 상황에서는 침착하고 세심한 면이 있다는 것도 보여주는 것이다.

『수호전』의 두드러지는 특징 중 또 다른 하나는 소설 언어의 구어화에 성공했다는 점이다. 즉 『수호전』의 언어는 송원(宋元) 화본(話本)의 우수한 전통을 계승한 구어의 기초 위에서 다듬어낸 백화로서 생생하고 간결하고 소박하고 통속적이다. 또한 『수호전』은 작중 인물들이 사용하는 언어의 개성화 면에서도 뛰어난 성과를 거두고 있다. 그들이 사용하는 언어를 통해 소설 속의 인물들은 우리의 생활 주변에서 항상 만나볼 수 있는 인물처럼 생생하게 느껴지고 나아가 일반 대중의 공감을 얻어낼 수 있는 것이다.

이상과 같은 특징, 그리고 이탁오와 김성탄의 간결하고도 예리한 평가는 『수호전』이 뛰어난 문학작품임을 단박에 증명한다. 또한 여러 학자들에 의해 『수호전』이 사상과 내용 면에서뿐만 아니라 예술 면에서도 큰 성과를 거두었다는 점을 알 수 있다. 다시 말해 중국 문학 속의 사실주의와 낭만주의의 우수한 전통을 계승, 발전시키는 한편, 양자를 적절히 결합시켜 중국의 소설 문학을 진일보 성숙시켰다고 말할 수 있다.


## 수호전의 작가에 대하여

『수호전』의 작가는 원말 명초(元末明初)의 작가 시내암(施耐庵)으로 알려져 있다. 하지만 그에 대해서는 알려진 바가 거의 없고, 실존 인물이냐 아니냐에 대해서도 의견이 분분하다. 또한 보다 중요한 점은 『수호전』은 『삼국지』가 그렇듯 어느 한 사람의 창작이 아니라는 점이다. 앞서도 언급했듯이 『수호전』은 오랜 시간을 거치면서 여러 사람의 손을 거치며 이루어진 작품이다. 만약 시내암이 실존인물이라고 해도 그는 그때까지 전해오던 민간의 이야기들을 집대성하여 한 편의 장편소설로 정리한 편찬자 정도의 역할을 했을 것이다. 어쨌든 그에 대한 역사적 기록은 애석하게도 발견된 바가 아무 것도 없다.

『수호전』의 핵심내용은 부패하고 타락한 관리들과 그에 맞서 대항하는 의적들 사이의 이야기이다. 이 대결구조는 이 작품의 중요부분을 이루고 있으며, 이 작품의 백미도 바로 이 부분이라 할 것이다. 『수호전』은 실제 인물이었던 송강(宋江)의 사적을 내용으로 한 송대(宋代) 화본(話本) 대송선화유사(大宋宣和遺事)와 그것과 관련된 이야기와 전설의 기초 위에서 만들어졌다. 그리고 실제로는 한 회(回) 한 회(回)가 당시 이야기꾼들에 의해 무대에 올려 졌던 이야기들이 집대성되어 소설화되었다.

수호(水滸)란 물가라는 뜻인데, 주인공들이 양산박(梁山泊)이라는 호수를 중심으로 모여들어 근거지로 삼고 활약상을 펼쳐나가고 있었기 때문에 붙여진 이름이다. 판본으로는 주요하게 70회본, 100회본, 120회본, 160회본 4종이 있으며, 120회본이 가장 통용된다고 하겠다.


## 물가, 그 공간적 의미

수호(水湖)는 말 그대로 물가라는 뜻이다. 그런데 왜 그런 제목을 지었을까, 좀 더 그럴싸하고 멋진 이름이 많을 텐데 말이다. 자, 거기에도 나름의 이유가 있을 터, 여기서 물가란 말하자면 국가의 통제에서 벗어난 곳을 상징하고 있는 것이다. 다시 말해 정부에 반기를 든 주인공들의 입장을 잘 대변해주는 단어인 것이다.

중국 최초의 시가집 『시경』에 이런 구절이 있다. "나라 안의 모든 땅은 왕의 것이고 땅 끝까지 왕의 신하가 아닌 이가 없다." 고대 중국인들은 땅 끝에 물이 있다고 보았으니, 물가란 곧 영토 밖의 공간이었던 것이다. 그러니 수호전의 인물들은 곧 왕(국가)의 통제를 벗어난 인물들이었던 것이다. 수호에 사는 남자들, 그들의 성격을 잘 드러내는 제목이라 할 수 있다.

혹은 이런 식의 해석도 해볼 수 있다. 물가란 상황에 따라 물 속으로 들어갈 수도 있고, 물 밖 육지로 나올 수 있는 경계에 위치하고 있다. 따라서 수호의 사람들의 포지션, 혹은 평가도 보는 각도에 따라 상이할 수 있다는 점이다. 가령 선과 악, 범죄자와 영웅, 현실과 비현실 등등 여러 다양한 경계, 혹은 평가를 넘나들 수 있을 것이다. 수호전, 생각할수록 제목이 오묘하고 흥미롭다는 생각이 든다.


## 『수호전』과의 인연─송대에 꽂히다

2005년 여름, 배낭 하나 둘러메고 무작정 떠났던 중원여행, 산동성을 거쳐 하남성을 돌파했다. 개봉을 찾았다. 사통팔달로 잘 뚫린 개봉에 대한 인상이 강하게 남아 있다. 개봉은 바로 북송의 수도였다. 송도어가(宋都御街)는 당시 개봉의 거리를 재현하고 있는데, 마치 송대의 그곳을 거니는 듯한 느낌을 주는 흥미로운 장소였다. 그 거리 어딘가에서 부채를 몇 개 샀는데, 그 중 하나에는 포청천 그림이 그려져 있었고 또 다른 하나에는 청명상하도가 그려져 있었다. 개봉이 송나라의 수도였다는 점을 생각해보면 고개가 끄덕여지는 부분이었다. 송나라 하면 떠오르는 인물 중 대표적인 이가 그 유명한 판관 포청천이다. 드라마로도 만들어져 중국은 물론 우리나라에서도 큰 인기를 끈 적이 있는데, 그만큼 포청천은 중국인들의 추앙을 받는 청백리의 표상이자, 신분의 고저에 관계없이 공명정대한 판결을 내려 백성의 사랑을 받는 인물이다. 그랬다. 개봉에는 포청천이 있었다.

그리고 송도어가에서 부채를 하나 샀는데, 그 부채에 그려진 그림이 그 유명한 청명상하도(清明上下圖)였다. 청명상하도는 송대를 대표하는 그림 중 하나인데, 바로 휘종의 치세기간이었던 북송 말기, 화가 장택단(張擇端)에 의해 그려진 명작이다. 청명절을 맞은 수도 개봉부의 번화한 모습을 두루마리 형식으로 길게 그렸다. 당시 개봉은 세계 최대의 도시였다고 할 수 있는 만큼 그림 속의 개봉은 화려하고 아름답다. 중국 역사에서 중국적인 색채가 농후하며 서민 문화가 활짝 꽃피었던 기간이 바로 송대다. 수준 높은 문화와 더불어 도시가 크게 형성되었고 상업과 서민문화가 발달했다. 오대(五代)의 혼란을 마감하고 새로 왕조를 연 송조는 서민의 힘이 역동적으로 넘쳐나는 시대였다. 청명상하도에 등장하는 수많은 사람들의 모습이 이를 잘 대변해준다. 화가 장택단은 수천 년 동안 그림의 제재가 되어왔던 귀족에게서 눈을 돌려 일반 서민을 담아냈다. 하급관리를 비롯해 상공업자와 농민들에게서 서민들의 활기 넘치는 힘을 보았고 그것을 그려낸 그의 그림은 불후의 명작으로 남았다.

청명상하도를 통해 역사책과 문학작품을 통해서만 가늠해볼 수 있었던 중세 도시 개봉의 모습을 자세히 관찰할 수 있었다. 그림 속에는 가로 지르는 큰 강 위로 배가 떠다니고 정교한 교량이 놓여 있다. 또한 부감기법으로 다리 위에 들어선 좌판은 물론이고 지나가는 행인들의 모습까지 아주 생생하게 그려져 있었다.

그해의 개봉 여행은 송대에 대한 관심에 불을 질렀다. 그리고 송대를 배경으로 펼쳐지는 소설 『수호전』에도 새삼스레 다시 손이 갔고, 나아가 직접 번역에 뛰어들겠다고 결심하게 만들었다.

## 수호전의 역사적 근거

대부분의 중국 장회소설이 그렇듯 『수호전』 역시 역사적 사실에 근거하여 만들어진 작품이다. 물론 간단한 뼈대에 수많은 살이 덧붙여 완성된 소설임은 물론이다. 그렇다면 그 역사적 사실이란 무엇인지 좀 더 살펴보기로 하자.

자, 우선 북송 말기인 1121년에는 송강(宋江)이 이끄는 도적의 무리가 난을 일으키다 패전하여 투항했다는 기록이 정사인 『송사(宋史)』에 수록되어 있다. 즉 송나라 휘종의 선화연간에, 송강 등 36명의 적도(賊徒)가 산동에서 반란을 일으켜서 한때 큰 혼란을 빚었으나, 나중에 항복했다는 기록이 있다. 그 일부를 옮기면 다음과 같다.

○ 선화 3년 2월, 회남(淮南)의 적도 송강 등이 화양군을 범하다. 토장(討將)을 보내 토벌케 하다. 또 경동 강북을 범하고 초해의 주계(州界)로 침범한 것을 지주인 장숙야(張叔夜)에게 명하여 투항시키다. 「휘종본기」

○ 송강, 경동을 침범하다. 몽(蒙)이 천자께 상서하여 가로되, "송강 등 36인이 제위(齊魏)에 횡행하여, 관군 수만이 이를 감히 당하지 못하니 그 재능이 반드시 뛰어난 바 있다고 하겠나이다. 지금 다시 청계에 도

적이 일어나니, 송강에게 허락하여 방랍을 치게 함으로써 스스로 속죄케 함이 좋을 듯 아뢰나이다" 하였다. 천자 가로되, "몽이 밖에 있어도 나를 잊지 않았으니 과연 충신이로군"했다. 곧 명하여 동평부(東平府)의 지사가 되게 했으나 취임하기 전에 죽다. 「후몽열전」

○ 송강, 하삭(河朔)에서 일어나 계속 열 고을을 침략하다. 관군 감히 도둑의 예봉을 막지 못하다. 이때 숙야 첩자를 보내어 도둑들의 방향을 탐지케 하니, 도둑들은 곧 해변으로 나가 선박 10여 척을 뺏어 노획물을 싣고 달아나려 하다. 여기서 결사대 천명을 모아 이를 공략게 하여 부장을 사로잡으매 송강이 투항하다. 「장숙야열전」

이처럼 『수호지』는 완전한 허구가 아닌 송대 선화연간에 있었던 송강의 활동을 중심으로 하는 역사적 사실에 기반을 두고 있다. 그 밖의 사서로는 『삼조북맹휘편』, 『십조강요』, 『동도사략』 등에 간단한 기록이 남아 있다. 이 밖에 원나라 초기의 주밀(周密)이 편찬한 『계신잡식』에 「송강삼십육인찬(宋江三十六人贊)」이 실려 있는데 이로 미루어 보아 남송 때에 이미 송강의 이야기는 민중 사이에 전해지고 있었음을 알 수 있다. 사서에 기록된 송강과 관련된 이야기는 사실 대단치 않다. 그러나 송강의 반란사건이 있은 후 이내 이것이 영웅설화로 발전하여 민중에게 파고들어가 공감을 일으켰다는 점에 주목해야 한다. 여기엔 그만한 이유가 있다고 보아야 할 것이다. 당시에 만연한 부패한 권력, 관료정치에 대한 민중의 증오와 원한이 송강 일행을 일종의 민중영웅으로 만들어갔다고 보인다.

남송시대에 이르면 이미 『수호전』에 등장하는 36인의 호걸들의 얼굴과 별명이 고정되어 노지심·무송·양지 등의 주요 호걸들의 에피소

드들이 송대 강담(講談)의 주요 소재로 등장하고 있었다. 잡극의 시대인
원대에 이르면, 여러 잡극으로도 많이 각색되어 여러 작품이 극화되어
전해지고 있다.


## 『삼국지』와 『수호전』

우리나라에서 가장 인기가 있는 중국 소설은 역시 『삼국지』다. 자,
『삼국지』의 인기 비결이라면 무엇이 있을까. 난세를 배경으로 펼쳐지
는, 천하를 차지하려는 사나이들의 치열한 격돌, 형제간의 의리, 주군에
대한 충성, 치밀한 계략과 전술, 일당백의 능력 등등 매력적인 요소가
가득하다. 하지만 한편으로 생각하면 『삼국지』가 표방하고 있는 것은
충효사상이나 의리 같은 유가의 익숙한 주제들이다. 『삼국지』 속의 인
물들은 『수호전』에 비해 엘리트에 속하는 인물들이다. 한마디로 기득
권을 가진 인물들이다.

하지만 사실 중국의 많은 비평가들이 꼽는 중국 최고의 소설은 『삼
국지』가 아니라 『수호전』이다. 그런데 한국에서는 그 사실이 전혀 입
증되지 못하고 있다. 왜 그럴까. 한편으로 든 생각은 이렇다. 우리나라
는 역대로 유교의 그림자가 짙은 나라이고 오래되고 익숙한 가치, 주제
를 선호하는 것이 아닌가 하는 생각이다. 따라서 『수호전』 같은 밑에서
부터의 반항, 혹은 반란을 좋아하지 않는 것인가 하는 생각이 먼저 든
다. 그런 이유로 중국, 일본과는 다르게 유독 한국에서의 『수호전』은
고전하고 있지 않나 싶다.

이어서 판본에 대한 이야기를 하겠다. 『수호전』에는 여러 가지의 판
본이 있다. 그중 대표적인 두 판본의 결말이 너무나 다르다. 70회로 구

성된 김성탄본은 송강 등 108명의 무리가 양산박에 집결하는 해피엔드로 끝을 맺는다. 반면 황정견의 120회 본은 송강과 그 일당이 조정에 투항하여 반란군을 토벌하는 등 공을 세우다가 간신들의 모함에 의해 몰락하는 것으로 끝을 맺고 있다. 우리나라에서는 주로 이 황정견본이 통용된다. 이 역시 그나마 익숙하고 안전한 결말이기 때문일 것이다.

그런데 120회본은 민중의 입장을 담아내는 의적소설로서는 그 의미가 현저히 떨어진다. 다시 말해 그 당당했던 양산박의 108영웅이 조정에 투항한다는 설정도 갑작스럽고, 반란군을 토벌하는 등 공을 세우다가 간신들의 모함에 의해 몰락하는 결말 역시 허무하다. 왜 그런 결말로 갔을까. 기득권을 가진 위정자의 입장에서 볼 때 『수호전』의 내용은 도둑들의 반란, 역성혁명을 정당화하는 위험하고 불온한 서적이었을 것이다. 따라서 금서로 만들거나, 혹은 내용을 고쳐 개과천선의 방향으로 바꿔야 했는지도 모르겠다.

하지만 도둑들의 반란이니 역성혁명이니 하는 것은 어디까지나 가진 자, 위정자의 입장에서 나오는 평가일 것이다. 부정부패가 만연하고 권력자의 횡포에 힘없이 당해야 했던 민중의 눈으로 볼 때는 양산의 인물들은 도둑이 아니라 반대로 시대적 요청에 강력하게 부응하는 용감한 영웅들이자, 그들의 희망이 되는 것이다. 아닌게 아니라 『수호전』은 민중에게 애독되면서 여러모로 커다란 영향을 미치게 되었다. 말하자면 『수호전』을 통하여 사람들은 부패한 세상에 반항하는 것을 배우게 되었다고도 할 수 있겠다.

자, 그런 맥락에서 보자면, 『수호전』의 가장 재미있는 부분은 역시 70회까지의 여러 호걸들이 하나하나 차례대로 모여드는 장면까지다. 주인공들은 파란만장한 스토리를 제각기 하나씩 지니면서 무대에 등장하게 된다. 각 인물들을 묘사하는 기법은 매우 생기있게 성공적으로 이루어지고 있으며, 이를 통해 여러 인물들은 생생하고 독특한 성격묘사를 통하여 독자들에게 친근감 있게 다가오게 된다.

## 『수호전』과『홍길동전』, 그리고 〈추노〉

몇 년 전 우리나라에서 크게 인기를 끈 사극 드라마가 있다. 기존과는 다른 새로운 소재와 배우들의 열연, 감각적인 화면이 박자를 맞추며 화제를 모았는데, 바로 〈추노〉라는 사극 드라마다. 이 드라마는 왕실이나 고위 관료들을 중심으로 다루는 기존의 여러 사극 작품과 다르게, 도망친 노비를 쫓는 이른바 '노비 사냥꾼'이라는 색다른 인물상을 내세워 신선함을 선사했고, 빠른 전개와 시원하고 화려한 액션 등으로 큰 인기를 끌었다.

그런데 흥미롭게도 드라마 〈추노〉는 허균의 소설 『홍길동전』과 비슷한 시대 배경과 문제의식을 갖고 있다. 즉 17세기 중반을 시대 배경으로 하고 있고, 무너진 신분 질서 속에서 이에 대응하는 여러 인물들의 모습을 묘사하고 있다. 다시 말해 신분 질서를 회복하려는 자와 세상을 변혁하려는 자 사이의 갈등이 극의 핵심적인 줄거리라고 할 수 있겠다.

주지하듯 『수호전』은 『홍길동전』 창작에 큰 영향을 끼쳤다. 두 작품 역시 비슷한 시대 배경을 가지고 있다. 즉 본인의 의지와 상관없이 주류 사회로부터 내쳐질 수밖에 없었던 민간의 '영웅'들이 비주류의 사회에 편입되는 과정을 그린 작품들이다. 『수호전』의 배경은 북송(北宋) 연간이다. 요나라와의 무리한 전쟁에서 패한 송은 힘을 잃고, 그 기회를 틈타 간신인 고구, 채경, 동관 등의 세력이 권력을 휘어잡고 세상을 농단한다. 이들은 자신의 이권을 위해 충신을 살해하고 전쟁을 정쟁의 도구로 이용한다. 자신들의 사리사욕을 위해 서민들을 쥐어짜고 온갖 부정부패와 부조리가 극으로 치닫는 시대였다.

요컨대 『수호전』과 『홍길동전』, 그리고 드라마 〈추노〉는 공통적으로 국가의 위기 상황에서도 자신의 이권만을 챙기는 부패한 위정자들의 모습과, 이들에 대항하는 하층민(혹은 도적)의 갈등이 극의 중심을 이루고 있는 것이다. 소위 시대와 맞장을 뜨는 남자들의 모습을 보여주고 있다.


## 송 휘종은 어떤 황제였나

『수호전』의 배경인 송나라의 당시 최고 권력자 휘종, 그는 재능이 많은 사람이었다. 특히 그의 예술적 재능은 널리 알려져 있다. 그가 남긴 그림 한 점이 어느 경매에서 40억 원에 낙찰되었다는 소식을 들은 적이 있다. 이렇듯 그는 일세를 풍미한 예술가였고 권력의 최고 정점인 황제의 지위에 올랐지만, 어이없게도 금나라에 포로로 끌려가 먼 이국땅에서 눈이 먼 채 회한의 시를 남기고 죽어갔던 비운의 인물이기도 하다.

왜 갑자기 휘종 황제 이야기인가. 수호전 당시 재위 황제가 바로 휘종이기 때문이다. 휘종의 재위기간 도탄에 빠진 백성은 조정을 등지고 도적이 되어간다. 「수호전」은 이 과정을 아주 드라마틱하게 그리고 있는데 이야기의 시작이 휘종과 함께 전개된다.

휘종의 이름은 조구, 그는 황족의 한 사람으로 빼어난 용모에 모르는 것도, 못하는 것도 없는 만능 재주꾼이자 호사가였다. 당대를 대표하는 최고의 화가였고 수금체라 불리는 서체를 만들어냈으며, 시문에도 능했을 뿐만 아니라 열혈 스포츠맨이기도 했다. 그러나 그의 불행은 황족으로 끝나지 않고 권력의 최고 정점인 황제가 되었다는데 있었다. 그는 제위기간 내내 정치에 무관심했다. 조정은 신법과 구법이 대립하는 가운데 몇몇 권신들에 의해 좌지우지 되었고, 관리들은 위에서부터 아래까지 부패해 있었다. 휘종은 채경, 동관 같은 간신배들에게 정치를 맡기고 자신은 풍류로 세월을 보냈다. 『수호전』 주인공들의 삶이 뒤틀린 건 권력 서열에서 한참 떨어져 있던 그가 황제의 지위에 오르면서다.

80만 금군의 교두였던 임충은 누명을 쓴 채 귀양을 떠나고 강에서 돌을 캐는 공사를 감독하던 푸른 얼굴 양지는 조정을 등지고 도망자 신세가 되어야 했으며, 임충의 스승 왕진도 쫓기고 쫓겨 구문룡 사진의 집에 숨어 지내야 했다. 『수호전』의 인물들은 하나같이 평범한 삶으로부터 일탈한다. 바야흐로 민심이 이반하고 지배체제에 균열이 가기 시작하는 시대였다.

그 무렵 만리장성 너머 북쪽에서는 여진족이 무섭게 성장하고 있었다. 여진족은 국호를 금(金)이라 칭하고 요를 멸망시킨 뒤 물밀 듯이 남하했다. 거침없이 남하한 금의 군대는 황하를 건너 수도인 개봉을 공격하기 시작하자 당황한 휘종은 스스로 책망하는 글을 발표하고 제위를 아들에게 물려주었다. 하지만 상황은 이미 걷잡을 수 없었고 휘종은 결국 금의 포로가 되어 끌려간다. 이로써 송나라는 그의 대에서 멸망하고 탈출에 성공한 그의 아들이 강남에서 왕조를 세우니 남송이라 불렀다. 중국 전 지역을 차지하던 그 이전의 시대를 북송(北宋)이라 한다.

# 청명상하도를 보며

중국 역사에서 중국적인 색채가 농후하며 서민 문화가 가장 꽃피었던 기간이 바로 송대이다. 송나라 수도 개봉의 번화한 모습을 담은 그림이 바로 휘종의 치세기간이었던 북송 말기, 화가 장택단에 의해 그려진 청명상하도(淸明上下圖)다. 그림은 청명절을 맞은 수도 개봉부의 번화한 모습을 두루마리 형식으로 길게 늘어뜨려 그렸다. 한마디로 놀라운 그림이다.

우선 중세 도시에 가로지르는 큰 강 위로 배가 떠다니고 교량이 놓여있다는 사실이 놀랍고, 부감의 기법으로 다리 위에 들어선 좌판은 물론이고 지나가는 행인들의 모습을 생생하게 담아내고 있다. 그림 속 개봉은 활기가 있고 풍성해보인다. 장택단은 어떻게 그런 그림을 그릴 수 있었을까. 오대(五代)의 혼란을 마감하고 새로이 왕조를 연 송조는 서민의 힘이 넘쳐나는 시대였다. 장택단이 수천 년 동안 그림의 소재가 되어왔던 귀족 사회에서 눈을 돌려 일반 서민들의 일상을 그려낸 것은 송대의 그러한 특성과 무관하지 않을 것이다. 그리하여 장택단은 하급관리를 비롯해 상공업자와 농민들에게서 새롭고 역동적인 힘을 보았을 것이고, 마침내 그것을 생생하게 그려낸 그의 그림은 불후의 명작으로 남았다.

우리 조선에도 김홍도나 신윤복이 그린 훌륭한 풍속화가 있다. 하지만 장택단의 그림처럼 도시 전체를 조망하지는 않았다. 또한 시기적으로 청명상하도에 비해 훨씬 뒤인 7,800년 뒤에야 나타난다. 어쨌든 단원과 혜원의 풍속화가 나오게 된 배경 역시 장택단의 그것과 일맥상통한다. 조선 후기에 이르면 서민들의 힘이 점차 커지기 시작한다. 영 정조시대를 거치며 점차 커지기 시작하는 서민의 힘이 이들 화가에게 외면할 수 없는 그림의 소재가 되었을 것이다.

우리는 청명상하도를 보면서 송대의 개봉을 어렴풋하게나마 이해하게 된다. 『수호전』이 만들어지게 된 배경도 그러한 송대의 시대 배경과 무관하지 않다. 비록 뒤로 갈수록 부패와 혼란이 커지긴 했어도, 송대는 시민들의 힘이 비약적으로 커지는 시대였고, 도시가 크게 발달하면서 민간 예술이 환하게 꽃피운 시기였던 것이다.


## 『수호전』에 무협이 있다

앞서 사기에서도 언급했지만, 무협은 중국의 문화를 관통하는 하나의 키워드다. 약자의 편에 서서 강자의 횡포에 과감히 맞서는 것, 그것이 협의 정신일 텐데, 중국 역사에서 그 협을 체현한 인물들을 살펴보다보면 수호전의 인물도 빠뜨릴 수 없게 된다. 수호전에서 말하는 그 호한 역시 그 무협의 한 전형일 것이다.

『수호전』은 70회 본이든 120회 본이든 무협들의 활약상과 강렬한 비장미가 있다. 복수와 피가 난무하는 잔혹한 판타지가 가득하고, 결국 계략에 속아 모두가 희생되는 비정한 리얼리즘도 있다. 가령 『삼국지』가 황제와 엘리트 장군들의 이야기라면 『수호지』는 핍박받는 민중의 얼굴이며 삶을 대변하고 있다. 『수호전』의 주인공들의 행동은 계산적이지 않다. 형제가, 죄 없는 이들이 위기에 빠지면 지체 없이 뛰어든다. 『수호지』에는 진정한 무협이 있다. 부패한 세상에 맞서는 용기, 더 나은 사회, 정의로운 공동체를 만들려는 인간들의 강렬한 저항정신과 의지가 그 안에 들어 있다. 힘없는 백성의 피를 빠는, 가진 자들을 위한 사회제도의 허위를 깨부수는 통쾌한 반항아들의 모습은 보는 이의 가슴을 시원하게 한다.

고대 무협들에게 폭력은 그들의 존재를 드러내는 수단이었고 또한 자신의 가치를 실현하는 행위이기도 했다. 가령『삼국지』속의 여러 영웅들도 무협의 시각에서 바라볼 수 있지만, 무협의 본질에 더 접근하는 인물들은 역시『수호전』의 호걸들이다.『수호전』은 다수의 선량한 대중을 괴롭히는 잔혹한 압제자로부터 해방시키려는 의인(협객)들의 반항심을 직접적이고 통쾌한 폭력적 행동으로 옮기고 있다.


## 민중의 집단적 의식 투영

『수호전』은 일차적으로는 북송 시기 부패한 조정에 반기를 드는 이야기다. 당시 지배계층은 사치와 향락에 빠져 정치를 돌보지 않았고 간신배들이 득세, 서민들의 피를 빨았다. 당연히 민심은 흉흉해지고 여기저기 반란이 일어나게 되었다. 조정의 부패와 관리의 횡포에 침묵하지 않고 정면으로 대치하는 양산 호걸들의 이야기는 민중의 강렬한 지지를 받을 수 있었다.

한편으로 시야를 조금 더 확대해보면,『수호전』은 또한 중원을 빼앗긴 한족들의 집단적 염원이 담겨 있는 작품인 것도 같다는 생각이 든다. 108 호걸들의 이야기가 전개되던 휘종 연간은 대외적으로 전란이 끊이지 않았다. 북쪽 이민족의 거센 공격으로 중원을 지키기가 쉽지 않았고, 결국 금의 공격으로 남쪽으로 쫓겨가게 되었다. 이민족에게 중원을 뺏긴다는 것은 충격이었을 것이다. 또한 아무리 무능했던 황제였다지만 왕조의 최고 통치자가 이민족에게 포로로 끌려가 객사하는 것은 중원의 한족들에게는 치욕스러운 사건이었을 것이다. 이것으로 끝이 아니었다. 금의 공격으로 쫓겨가 세운 남송은 설상가상 급격히 세력을 키운 몽고족에 의해 멸망하는 지경에 이른다. 이로써 이민족 왕조인 원이 중국 전역을 통치하게 된 것이다.

자, 이런 역사적 변화를 겪은 민중 입장에서 통치계급의 무능한 정치와 외교에 대한 불만, 그리고 이민족에 뺏긴 중원을 회복하려는 강력한 염원 등이 『수호전』에 투영되어 있는 것 같다. 요컨대 세상을 구제할 새로운 영웅의 출현을 갈망하는 대중의 집단적 의식, 혹은 욕망이 송강을 중심으로 한 양산박의 108 호걸들에 스며들어 있는 것이리라.


## 강호의 이름들―인물들의 별칭

『수호전』에 등장하는 인물들은 대개 협객으로 부를 만한 이들이 많았다. 의리를 목숨처럼 아끼는 인물들이 대다수다. 그래서 그런지 그들에겐 하나같이 이름에 앞서 별명이 있었다. 그 별명은 각 인물들의 특징을 잘 설명해주고 있어 특히나 흥미롭다. 가령 『삼국지』 속 주인공들이 이름 외에 주로 자를 사용하는 데 비해, 수호전의 인물들은 이름 앞에 예외 없이 별칭(혹은 별명)이 붙는다. 급시우 송강, 지다성 오용, 흑선풍 이규, 화화상 노지심 등등.

이러한 별칭들은 누가 특정하게 지어준 것이 아니라, 그들이 강호에서 활동할 때 사람들의 입에서 입으로 전해진 것들이다. 즉 강호의 이름이라 할 수 있겠다. 양산박의 리더 송강의 경우, 급시우라는 별칭이 세상에 두루 알려져 누구든 그 호칭을 들으면 바로 고개를 숙이지 않는가. 명성, 그것은 하루아침에 어떤 특정인에 의해 만들어지는 것이 아니다.

앞서도 설명했듯이 『수호전』은 양산박의 인물 108명의 개개인의 독특한 개성을 잘 살리는데 성공하고 있는데, 각 인물들의 개성을 묘사할 때 아주 효과적인 기능을 하는 것이 바로 이 별칭이기도 하다. 독특한 재미도 있고 그 인물의 특징을 잘 요약하고 있어 그 인물을 기억하는 데에도 많은 도움을 준다. 아마도 작가는 각 인물들의 별칭을 짓기 위해 많은 고심을 했을 것이다.

## 양산박의 리더, 송강

『수호전』의 리더는 역시 송강이다. 송강의 뛰어남은 역시 사람들을 단합시키고 이끄는 리더십에 있다. 『삼국지』의 유비가 그랬듯 포용과 화합의 이미지로 사람들을 내 편으로 만든다. 때에 맞춰 내리는 비, 라는 급시우(及時雨)라는 호칭이 송강의 그런 특징을 잘 나타내준다. 송강은 일탈의 여정에 오르기 전, 물심양면으로 약자들을 도와주면서 명성을 쌓았고, 그것이 재산이 되어 많은 인적 네트워크를 형성하게 된다. 바로 그러한 명성이 있었기 때문에 그 수많은 개성 강한 인물을 하나로 규합하고 이끌 수 있었던 것이다.

송강의 또 다른 특징이라고 한다면, 명분을 중시했다는 점이다. 호보의(呼保義)라는 또 다른 별호에서 알 수 있듯이, 송강은 행동에 앞서 명분이 중요하다는 것을 잘 알고 있는 인물이었다. 양산박의 캐치프레이즈인 체천행도(替天行道)를 내세웠던 것 역시 같은 맥락이다.

포용과 덕을 기반으로 한 뛰어난 인품, 약한 자들을 대가없이 도와주는 의리와 인간미, 그리고 명분을 중시하는 세계관, 그러한 것들이 별다른 무력도 없고, 뛰어난 지략을 갖추지 않았지만 송강이 양산박의 리더가 될 수 있었던 비결이었을 것이다.


## 수호전 최고의 인기스타, 이규

흑선풍(黑旋風), 이규, 그는 삼국지의 장비, 서유기의 저팔계가 그렇듯 익숙한 캐릭터다. 화가 나면 일단 물불 안 가리고 한판 벌이고 시작하는 캐릭터, 즉 행동이 앞서는 인물이다. 하지만 많은 이들은 그들의 시원시원하고 인간적인 매력에 빠져든다. 흑선풍이라는 별칭은 일단 얼굴이 검다는 의미도 있지만, 여기저기 사고를 몰고 다닌다는 의미가 더 강하다.

이규의 상징은 바로 쌍도끼, 싸움이 벌어지면 쌍도끼를 휘두르며 종횡무진한다. 하지만 살인을 밥 먹듯 하는 그의 무대포 행동은 문제가 되고 종종 일행을 위기로 몰고 간다. 그래서였을까, 송강은 죽어가면서 이규를 불러 독주를 함께 마시게 한다. 물론 이규는 한 치의 망설임 없이 독주를 마시고 원망 없는 충직함을 보여준다. 마지막까지 거침없다. 이규에 대한 또 한가지 일면을 든다면 어머니에 대한 효심이다. 어머니를 업고 기풍령 고개를 넘다가 호랑이에 의해 어머니를 잃게 된다. 물론 이규는 호랑이를 때려잡아 어머니의 복수를 한다. 그 사고뭉치 이규가 어머니를 업고 험한 산을 넘는 대목에는 왠지 가슴 찡한 뭔가가 있다.

아무튼 튀는 캐릭터, 사고뭉치 돌출형 인물이지만, 거침없는 천하의 싸움꾼의 이면에는 의리와 충직함, 그리고 인간적인 매력과 천진난만함도 동시에 있었다. 그리하여 민중이 가장 좋아하는 인물로 이규를 꼽는 것이리라.

## 대중의 열광적 지지, 노지심

수호전 초반부를 장식하며 강렬한 인상을 주는 인물이 바로 노지심이다. 노지심의 그 좌충우돌하는 모습에 수호전은 초반 강력한 흡인력을 발휘한다. 그의 별칭은 화화상(花和尙)인데, 온몸에 문신을 하고 있다고 해서 붙여진 별명이다. 원래는 연안부에서 하급 장교로 있었는데, 불의를 참지 못하는 불같은 성격으로 위기에 처한 마을 주민을 돕는다. 노지심의 입장에서는 그냥 쥐어박은 정도인데 상대가 죽는 바람에 일탈의 길로 들어서게 된다. 하루아침에 죄인의 신세가 되어 관아에 쫓기게 된 노지심은 몸을 숨기기 위해 출가를 하고 자기와는 전혀 맞지 않는 스님 행세를 하게 된다. 그러니 말썽이 없을 수 없다. 여전히 술과 고기를 탐하면서 여러 코믹한 상황을 연출하기도 한다.

괴력의 사나이, 머리보다 가슴이, 말보다 행동이 앞서는 남자, 어디서나 당당한 안하무인격의 자신감, 그것이 노지심의 특징이자 매력이다. 열 받으면 나무를 통째로 뽑아버리고 거침없는 욕설로 상대를 밀어붙이고 그의 트레이드 마크인 철선장을 휘두른다. 그런 노지심이지만 그에겐 또한 섬세하고 따뜻한 면도 있어서 사람을 알아볼 줄 알고 자신의 사람들을 살뜰히 챙기기도 한다. 돕기로 했으면 끝까지 가는 의리역시 뛰어나다. 거칠고 무뚝뚝해 보여도 속정이 따뜻한 사나이, 그가 바로 화화상 노지심이고, 대중의 많은 사랑을 받는 인물이다.

## 수호전 최고의 브레인, 오용

양산박의 호걸들은 대개 무력을 앞세우는 인물들이다. 부패하고 어지러운 시대와 맞장을 뜨는 시원시원한 사나이들의 이야기가 시종일관

이어지지만, 세상이 어디 힘만으로 되는가. 어느 집단이나 브레인은 있기 마련, 수호전에서 그 역할을 하는 이가 바로 오용이다. 그의 별호는 바로 지다성(智多星)이다. 또 하나 그에게 따라붙는 표현은 바로 '제갈공명의 화신'이다.

오용은 양산박의 전투와 호걸들의 영입에 밑그림을 그리고 작전을 제시한다. 원래는 서당에서 글을 가르치던 선비였다가 조개를 도우면서 책사로 인정을 받게 되고, 양산박에 들어와 왕륜을 몰아내고 조개를 두령으로 세우는데 도움을 준다. 하지만 오용의 책략이 모두 성공하는 건 아니었다. 그로 인해 양산박 일행이 위기에 빠지기도 했는데, 오히려 그런 면에서 인간적인 매력을 느끼게 된다. 제갈공명이 한치의 실수도 하지 않는 완벽형의 책사였다면, 상대적으로 오용은 실수도 하고 또 때로는 잘못된 판단으로 위기도 맞곤 하는 인물이었다고 할 수 있다.

## 양산박, 비장함과 낭만이 공존

주지하듯이 양산박(梁山泊)은 108 호한들의 거처다. 강물이 주위를 에워싸고 있는 천혜의 요새다. 양산박은 실제로 존재했다. 황하의 물길이 수백 년 동안 바뀐 탓에 지금은 없어졌지만, 그곳은 소설처럼 반체제 비밀결사의 본부였다. 그리하여 양산박이라는 이름에는 어떤 비장함과 낭만이 공존한다.

양산박은 어찌 보면 시대의 소산이었다. 정치가 잘 이루어진 태평성대였다면 그와 같은 반체제적 해방구가 형성되지 않았을 것이다. 하지만 당시는 부패한 권력과 뒤틀린 사회정세로 혼란한 사회였으니, 양산박이 생겨날 수밖에 없었던 것이다. 처음부터 양산박을 목적으로 둔 사람은 없었다. 대부분에게 양산박은 본인의 의지와는 다르게 삶의 정상적인 궤도를 걸을 수 없게 된 이들이 택하는 도피처였던 것이다. 그렇기에 양산박은 한편으로 보면 죽음을 각오한 사나이들의 집합체라는 점에서 어떤 결연한 비장미가 있다. 왜 아니겠는가. 수호전에는 인신공양이나 식인 풍습 같은 소설 속의 잔혹한 묘사도, 부패한 관리들의 횡포와 수탈과 같은 역사의 어두운 그림자들도 적나라하게 들어있다.

자, 다음으로 양산박의 지리적 특징에 대해서도 잠깐 이야기해보자. 양산박 주위로는 강이 흐르고 늪이 발달되어 있어 은신처로는 안성맞춤이었다. 양산박 일행의 뛰어난 무력도 무력이지만, 일단 그러한 지형적 특성으로 인해 관군이 양산박을 공격해 들어가는 것은 쉽지 않은 일이었다. 수호전을 읽은 이라면 누구라도 당시의 양산박을 상상해보게 되는데, 한편으로는 그것이 꽤 낭만적으로 느껴진다. 또한 서로 끈끈한 형제애를 나누며 세상의 여러 시비에 연연하지 않고 시원시원하게 사는 남자들의 이야기에도 왠지 모를 낭만이 깃들어 있다. 양산박 그곳에는 결코 칙칙하거나 우울한 기운은 없다.


## 체천행도, 충의쌍전, 수호전의 정신

체천행도(替天行道), '즉 하늘을 대신하여 정의를 행한다'라는 말과 충의쌍전(忠義雙全), '충과 의를 모두 갖춘다'는 말은 『수호전』 속 양산박 호걸들이 내세운 명분, 혹은 정신이다. 『수호전』이 사람들에게 인기를 끄는 큰 요인은 일단 주인공들의 거침없는 모습과 부패한 악덕 관리들을 처단하는 통쾌함이 있기 때문이다. 하지만 현실에 대한 반항에 그치지 않고 더 큰 대의로 나아가려면 역시 명분이 필요한 법이다.

양산박 일행들이 관군과 대치하고 전쟁을 벌이는 것, 그것은 정부입장에서 보면 반역이 되는 일일 것이다. 하지만 양산 호걸들에게는 생존을 위한 저항이며, 부패한 현실에 대한 단호하고 적극적인 대응이다. 거기에 더해 좀 더 확실한 명분이 있다면 그들 스스로 더욱 당당할 수 있고 민중의 호응도 이끌어낼 수 있는 것이다. 바로 이 지점에서 송강을 필두로 하는 양산 호걸들이 내건 정신이 바로 제천행도, 충의쌍전이었던 것이다. 그럼으로써 양산박 인물들은 도적이나 범법자가 아닌, 의적으로 자리매김할 수 있었고, 그들 스스로의 행위에도 정당성을 부여할 수 있었다.

그래서 『수호전』 하면 양산박이 떠오르고 양산박의 108 영웅, 호한이 연상되며, 그들이 기치로 내세운 제천행도, 충의쌍전이 생각나는 것이다.


## 송강과 이규의 최후

120회 본 『수호전』의 마지막 결말은 쓸쓸하다. 나라의 부름에 응하여 황제의 군사가 되어 싸운 양산박의 호걸들은 대부분 싸움터에서 목숨을 잃게 되고, 나머지 호걸들도 간신배의 농간에 의해 독배를 마시며 최후를 맞는다. 특히 인상적이고 안타까운 것은 송강이 이규를 불러 함께 독주를 마시는 장면이다. 이규는 그것이 독주임을 알고도 망설임 없이 송강을 따른다. 거기에 가슴 찡한 감동이 있다. 자, 송강과 이규의 죽음을 목도한 오용과 화영도 슬퍼하며 자결한다.

글쎄 이런 비극적이고 또 조금은 뜻밖인 『수호전』의 결말에 대해 뭐라고 해야 할까. 아무튼 쓸쓸함을 넘어 허무함도 드는 것이 사실이다.

하긴 그들의 이야기를 밝고 화사한 해피엔드로 끌고 갈수도 없었을 테지만, 그러한 결말은 좀 급작스러우면서 또 좀처럼 동의하긴 힘든 부분도 있다.

그래서 많은 이들이 지적하는 것처럼 어쩌면 딱 70회까지가 진짜 『수호전』 이야기가 아닐까 하는 생각도 든다. 철저한 반항정신으로 무장, 본능과 야생을 좇던 사나이들이 갑자기 정부에 귀순해서 조종을 당하다 마지막에 희생된다는 이야기는 영 앞뒤가 맞지 않는 것 같다. 원래 문학에서 비극적 결말이 더 인기가 있다는 것도 알고, 혹은 어떤 역사적 교훈이나 게임의 법칙이라는 게 원래 그렇다는 것을 말하려 했다고 해도 좋다. 그래도, 그런 결말은 영 개운치 않다.


## 수호전의 영화화

최근 몇 년 사이 중국에서는 『수호전』을 영화화하는 작업을 활발히 진행하고 있다. 『삼국지』와 마찬가지로 주로 인물위주로 작품을 선보이고 있는데, 앞으로 계속 시리즈화될 것 같다. 이미 세상에 선을 보인 작품으로 〈수호지－바람의 영웅 금모견〉, 〈수호지－불사영웅 석수〉 등이다. 작품규모나 화제성 면에서는 아직 그리 주목을 받고 있지 못하지만, 어쨌든 『수호전』을 영화화 한다는 시도만큼은 흥미로워 보인다.

지난 2011년인가 중국여행을 갔을 때 새로 방영되는 86부작 드라마 〈수호전〉에 대한 대대적인 광고를 본 적이 있다. 텔레비전 광고는 물론 거리 곳곳에 드라마를 알리는 대형 광고판들이 있었다. 거대한 스케일도 인상적이었고 무엇보다 중국에서의 수호전의 인기가 어떠한지 어렴풋하게나마 느낄 수 있었다. 『삼국지』나 『수호전』는 그 방대한 이야기와 수많은 인물로 인해 대규모 드라마로 만드는 것이 일반적이었다. 연도를 바꿔가며 계속해서 만들어지고 있는 것이다. 영화로 만든다면 시간적 제약상 당연히 특정 인물 위주, 혹은 특정 사건을 중심으로 전개할 수밖에 없을 것이다.


## 호한(好漢)의 개념

중국에서 무협은 중국을 이해하는 하나의 키워드가 된다. 일본에 사무라이 전통이 있다면, 중국엔 무협이 있다. 이 무협의 계보를 따라가다 보면 필연적으로 만나게 되는 작품이 바로 『수호전』이다. 수호전에 등장하는 수많은 호한들이 무협의 한 전형이 될 수 있다. 만인적(萬人敵)의 신체적 능력, 약자를 보면 거침없이 뛰어드는 용기, 얽매이지 않는 자유로운 정신 등등 『수호전』의 주인공들은 우리가 소위 협이라 부르는 개념에 잘 들어맞는다.

노지심은 억울함을 당해 위기에 처한 약자를 돕다가 쫓기는 몸이 되고, 무송은 형의 원수를 갚다가 죄인의 몸이 되었다. 급시우 송강은 자기 재산을 털어 어려운 이를 도와준다. 그들은 한 번 은혜를 입으면 목숨을 걸고 갚고, 지인이 어려움에 처해 있으면 설사 그가 죄인으로 쫓긴다 해도 의리를 지킨다. 물론 원한을 맺으면 끝까지 쫓아가 응징하는 잔인함도 보인다.

원래 유협, 혹은 협객은 중앙의 조직과 상관없이 자생적으로 탄생한 세력이다. 따라서 법질서 안으로 들어오지 않는다. 오히려 법을 무시하는 것을 호걸의 한 자질로 여기기까지 한다. 사실 수호전의 배경이 되는 송대는 정치가 혼란하고 공권력은 무너지고 부정부패가 만연한 혼란한 시기였다. 양산박의 호한들은 바로 그 시기에 사방에서 일어난 협객들의 이야기이다. 그들에게 중요한 것은 개인과 개인을 잇는 관계, 그중에서도 의리로 대표되는 것이었다.


## 협객 무송

『수호전』 속 많은 인물 중에서 호쾌한 쾌남의 이미지로 무송을 빼놓을 수 없다. 특히 맨손으로 호랑이를 때려잡는 이미지는 강렬해서 한 번 들으면 잊지 못하는 이름이 바로 무송이다. 그리하여 여러 연극에도 무송이 빠지지 않고 등장한다. 중국에서 그는 용기와 혈기의 한 상징이다.

무송의 이야기를 간단히 살펴보자. 22회분에서 무송은 소선풍 시진의 집에서 송강을 우연히 만나고, 그 길로 길을 떠나 고향의 형을 찾아간다. 도중에 경양강이라는 고개를 지나게 되었는데 근처 주막에서 술을 18잔이나 마신 채 주위의 만류를 뿌리치고 고개를 넘는다. 호랑이가 나온다는 위험한 고개였고 더욱이 혼자에 술에 취한 상태였다. 무송은 만취상태에서 호기롭게 고개를 넘어가고 때마침 나타난 호랑이도 맨손으로 때려잡는다. 이것이 그 유명한 무송타호의 고사이다.

그의 호기로움은 계속된다. 형 무대를 만난 무송은 형수로 등장하는 반금련이 형을 배신하고 마을의 유지 서문경과 내통하여 불륜을 저지르는 것을 알게 된다. 그들이 짜고 형을 독살하게 되자 단숨에 그들을 죽여 형의 원수를 갚는다. 살인죄로 귀양을 갈 때도 무송은 전혀 위축되지 않는다. 가는 곳마다 주막에 들러 술을 마시고 취한 상태에서도 동네의 소문난 건달 장문신을 한방에 때려눕힌다.

## 수호전은 과연 나쁜 책인가

중국의 비판적 지식인 류짜이푸(劉再復)는 『쌍전(雙全)』이라는 책에서 『삼국지』와 『수호전』이 중국인들에게 크게 해악을 끼친 문학작품이라고 신랄한 비판을 했다. 가령 『수호전』에 대해서는 그것이 시종일관 폭력을 숭배하고 있다고 지적하면서, 그것이 지난 수백 년간 사람들의 사상에 커다란 영향을 미쳤다고 분석한다. 또한 수호전이 반란은 정당하다는 논리의 해악도 초래했다고 보고 있다.

글쎄, 『수호전』이 과연 그의 주장처럼 그렇게 나쁜 책일까. 류짜이푸의 비판적 시각도 물론 수호전을 보는 여러 시각 중 하나로 가능할 수 있다. 또한 저자의 지적대로 문학작품 역시 무의식중에 사람들을 감화시켜 사람들의 인성에 영향을 줄 수 있다. 하지만 사람들의 내면에 내재된 폭력성과 권모술수라는 것들이 수호지나 삼국지 같은 문학작품의 악영향을 받아서 만들어진 것은 아닐 것이다. 아무래도 그의 주장은 지나친 비약으로 보인다. 단순히 폭력이 많아서, 혹은 권모술수가 난무해서 그것은 옳지 않다, 혹은 인간적이지 않다라는 차원, 말하자면 도덕적 호소로는 그의 비판에 충분한 근거를 제공하지 못하는 것 같다. 게다가 『수호전』, 『삼국지』는 중국만의 고전이 아니라 우리나라와 일본에서도 널리 읽히고 있다. 그것은 또 어떻게 설명할 것인가.

많은 이들이 좋아하고 즐겨 읽는다고 해서 꼭 훌륭한 작품이라고 할 수는 없다. 하지만 설령 그것이 전쟁과 살인, 권모술수와 반란의 내용을 담고 있다고 해서 무조건 잘못되었다고 말할 수는 없는 것이다. 『삼국지』와 『수호전』을 대신해 그가 제시한 작품은 『산해경』과 『홍루몽』이다. 그렇다고 그 작품들이 과연 더 본질적이고 중국의 원형문화에 근접하는 것이라고 단정할 수 있을까.

## 수호전의 판본

『수호전』의 판본은 다양하다. 그중 널리 읽히는 판본은 대략 4가지이다. 즉 70회본, 100회본, 120회본, 160회본이 그것이다. 각각을 간단히 정리하면 다음과 같다.

70회본은 명말청초의 비평가 김성탄이 정리했고 『제오재자서(第五才子書) 수호전』이라고도 불린다. 김성탄의 70회본은 108 호걸들이 각자 부패한 사회에 항거하며 양산박에 집결하는 장면으로 끝을 맺는다. 반정부적, 저항적 분위기가 물씬한 판본이다.

100회본『수호전』은 원말 명초의 시내암이 쓰고 나관중이 정리한 것으로 알려진『충의(忠義)수호전』이다. 이 판본이 오늘날 전해지는 여러 수호전의 조본(祖本)이 되었다.『충의수호전』의 일부를 조정한 곽훈의 100회본 수호지도 있다

120회본은 송대 양정견이 편찬한『충의수호지전』이다. 108 호걸들이 양산박에 집결한 후 조정에 귀순하여 나라를 위해 공을 세우지만 간신배들에 의해 비극적 결말을 맞게 되는 내용을 담고 있다. 현재 중국은 물론 우리나라에서도 가장 널리 읽히는 판본이다.

마지막으로 160회본은 120회본에 진침의『수호후전』40회를 더한 판본이다.


## 모택동이 애독한 책

잘 알려진 바대로 모택동은 젊은 시절부터『수호전』를 즐겨 읽었다. 권력을 잡은 이후에도『수호전』속 인물들이 지주와 탐관오리들에게 저항하는 모습을 긍정하며 인민에게 두루 읽히게 했다. 정강산(井岡山)

에서 국민당군을 막아내면서 어쩌면 모택동은 『수호전』 속 양산박 인물들을 떠올렸는지도 모른다. 비록 양산박과 같이 물가는 아니었지만 험난한 산세를 가진 정강산은 양산박을 떠올리게 한다. 이처럼 모택동의 공산당은 수호지의 내용과 꽤 닮았다. 국민당에 의해 홍비라고 불리며 계속해서 탄압과 공격을 받았지만, 언젠가 그들을 몰아내는 승리의 날을 꿈꿨을 것이다. 조금 더 이야기를 해보자. 모택동의 리더십은 송강을 떠올리게 하고 후에 총리가 되는 주은래는 오용과 닮았다. 전투에 능했던 임표, 주덕 같은 이들은 수호지 속의 무장들을 연상시킨다.

그리하여 중국에서 『수호전』이 그토록 인기를 끄는 이유는 중국의 현대사와도 관련이 있는 것 같다. 모택동이 세상을 떠난 지 40년이 되어 가지만 그 인기는 식을 줄 모르고 인민들은 계속해서 그에게 무한의 애정과 신뢰를 보내고 있다. 많은 중국인들은 그가 있어 오늘의 중국이 있다고 믿고 있고, 또한 그 시절이 가난했지만 오히려 살기 좋았다며 일종의 그리움의 향수를 가지고 있는 것 같다. 하긴 오늘날 중국 역시도 높아진 경제력만큼 가진 자들의 부정부패가 만연한 사회 아니던가.

## 중국의 식인 문화

중국의 식인 문화는 오랜 역사를 가지고 있다. 수천 년 동안 면면이 지속되었고 그것은 정사에도 수없이 기록되어 있다. 현재에도 종종 보도가 되는 형국이니 예전에야 말 다했다. 유교의 종주국을 자처하는 중국에서 식인 문화가 지속되었다는 점은 좀처럼 믿기 힘든 이야기다. 아이러니하게 느껴지지만, 사실 공자도 인육을 먹었다는 기록이 있을 정도로 그 뿌리는 깊다. 송대를 배경으로 한 『수호전』에도 식인 장면이 적나라하게 등장한다.

가령 주귀는 숨어 있다가 돈 많은 부자가 지나가면 그를 덮쳐 살은 고기로 먹고 기름은 불을 밝히는데 쓴다고 했고, 살집이 있는 자는 쇠고기 대신으로 쓰고 마른 자는 만두소로 쓴다고 하고 있다. 무송이 억울한 누명을 쓰고 유배를 가는 유배길에는 행인을 납치해 만두소로 만들어 파는 주점이 나온다. 흑선풍 이규는 닥치는 대로 사람을 죽이고 또 죽인 자를 먹는 버릇이 있었고 심지어는 인육을 너무 먹어 눈이 붉게 충혈되었다고 묘사되고 있다.

소설은 당대의 사회를 반영하는 객관적인 자료다. 다시 말해 정제와 감독을 거치는 정식 역사서에는 기록이 안 되는 상황도 소설에는 가감 없이 기록되는 경우가 많다. 그런 의미에서 수호전은 당대의 생생한 팩트와 문화를 담아내고 있는 텍스트인 것이다.


## 『수호전』과 『금병매』

중국의 4대 기서에 『수호전』과 『금병매』가 들어간다. 그런데 널리 알려져 있듯 『수호전』과 『금병매』는 사실 자매편 같은 구성이다. 『금병매』는 수호지의 무송과 송강이 만나기 전, 그러니까 무송이 양산박에 들어가기 전의 이야기를 자세히 풀어쓴 것이다. 그러고 보면 4대 기서에서 수호전이 차지하는 비중이 엄청 크다는 것을 알 수 있는데, 그만큼 독자들의 사랑을 받았다는 반증이기도 하다.

『금병매』의 주인공은 서문경과 반금련이다. 여기서 반금련은 무송의 형수이다. 즉 금병매는 서문경이라는 천하의 호색한의 엽색 행각을 다루고 있는 작품인데, 서문경은 무대의 처인 반금련을 유혹하고 그와 공모하여 무대를 독살한다. 쾌락을 위해 온갖 악행을 저지르는 서문경은 취음제를 과다복용하여 비참하게 최후를 맞는다.

참고로 『금병매』라는 제목은 반금련의 금, 또 다른 서문경의 첩인 이병아의 병, 반금련의 시녀였다가 나중에 서문경의 첩이 되는 춘매의 매를 따서 소설이 제목이 되었다.

『금병매』 또한 『수호전』과 마찬가지로 한국에서는 그리 인기를 끌지 못하는 듯하다. 외설적인 부분이 많아 역대로 금서로 분류되기도 했지만 그 문학적 가치는 높이 평가된다. 특히 당대의 사회상과 풍습이 잘 반영된 사회, 세태소설이기도 하다.


## 한국에서의 수호전 번역

앞서도 말했지만 한국에서의 『수호전』은 삼국지의 인기에 밀려 별다른 주목을 받지 못하고 있다. 따라서 번역본 역시 몇 종류 되지 않는다. 가장 널리 알려진 것은 역시 이문열의 『수호지』이다. 이문열의 수호지는 양정견의 120회본을 텍스트로 삼아 평역을 했고, 진침의 『수호후전』을 요약하여 말미에 실었다. 김홍신의 『수호지』는 100회본을 번역했다. 그 이전에 비교적 널리 알려진 수호지는 김팔봉의 『수호지』다. 김팔봉은 『수호후전』을 포함한 164회본을 요체로 삼아 번역했다. 이외에도 김동리, 박태원, 이주홍 등의 작가들이 번역한 바 있는데, 대개 100회본이나 120회본을 따르고 있고 작가 개인의 취향에 따라 첨삭, 내지는 개작을 하기도 했다. 최근 김성탄의 70회본이 전공자들에 의해 완역되었다. 의미 있는 시도이다. 앞으로도 좋은 번역이 많이 나와 많

은 사람들이 『수호전』의 진가와 재미를 느낄 수 있으면 좋겠다는 바람
이 있다.

　양정견 본 120회 『수호전』은 아무래도 약자의 입장을 대변하는 의
적소설로 보기 어렵다. 활력 넘치는 전반부와는 다르게 후반부는 충
효사상을 강조하는 이야기로 귀결된다. 『수호전』의 진가는 역시 부패
한 조정에 반기를 드는 의협소설로서의 가치라고 봐야 한다. 다시 말해
『수호전』의 매력은 주인공들의 펄떡이는 활력과 의리, 즉 어떤 대의명
분이나 도덕에 억눌리지 않는 본능과 야성을 추구한다는 것에 있을 것
이다. 물론 『수호전』에도 명분을 강조하는 인물이 없는 것은 아니다.
가령 두목 송강은 명분을 가지고 신중히 행동한다.
　자, 하지만 대중이 진짜 좋아하는 인물은 명분을 중시하는 송강이 아
니라 이규나 무송, 노지심 같은 거칠고 투박하지만 의리 있고 시원시원
한 인물인 것이다. 요컨대 『수호전』의 핵심은 부패한 현실에 주저하지
않고 과감하게 맞서는 사나이들의 폭발적 에너지에 있는 것이다.

## 『수호전』 관련 읽어볼 만한 책

○ 미야자키 이치사다 저, 차혜원 역, 푸른역사, 『중국사의 대가, 수호전을 역
   사로 읽다』

○ 이혜순 저, 정음사, 「수호전 연구」(논문)

○ 신지영 저, 새문사, 『희곡으로 읽는 수호전』

○ 진기환 저, 명문당, 『수호전 평설』

○ 사네요시 다츠오, 이정환 역, 이야기, 『무서워서 읽을 수 없는 수호전』

○ 류짜이푸 저, 임태홍 외 역, 글항아리, 『쌍전』

○ 시내암 저, 이문열 평역, 민음사, 『수호지』

○ 김팔봉 저역, 어문각, 『수호지』

# 왕서방과 코끼리

다각도에서 들여다보는 중국의 면면

**초판 1쇄 발행일** 2017년 4월 17일

**지은이** 이종철
**펴낸이** 박영희
**편집** 김영림
**디자인** 이재은
**마케팅** 김유미
**인쇄 · 제본** 태광 인쇄
**펴낸곳** 도서출판 어문학사
　　　　서울특별시 도봉구 해등로 357 나너울카운티 1층
　　　　대표전화: 02-998-0094/편집부1: 02-998-2267, 편집부2: 02-998-2269
　　　　홈페이지: www.amhbook.com
　　　　트위터: @with_amhbook
　　　　페이스북: www.facebook.com/amhbook
　　　　블로그: 네이버 http://blog.naver.com/amhbook
　　　　　　　　다음 http://blog.daum.net/amhbook
　　　　e-mail: am@amhbook.com
　　　　등록: 2004년 7월 26일 제2009-2호

ISBN 978-89-6184-440-6  03910
**정가** 15,000원

이 도서의 국립중앙도서관 출판예정도서목록(CIP)은 e-CIP홈페이지(http://www.nl.go.kr/ecip)와
국가자료공동목록시스템(http://www.nl.go.kr/kolisnet)에서 이용하실 수 있습니다.
(CIP제어번호: CIP2017008247)